自然と社会と心の人間学

編著
佐藤真弓・齋藤美重子

自然と社会と心の人間学　生きてく、生きてる、生きること

目次　table of contents

第1章
「生きる」とは どういうことだろう

高校生、大学生たちが“生きる”をテーマに
写真を撮ってくれました。現代の若者がとら
える“生きる”をちょっと覗いてみましょう。
https://ikiteku-ikiteru-ikirukoto.webnode.jp/

生活とは？

　「『生活』って何だろう？」と考えたことありますか？　学校の授業にもなかったし、考えたことなんてないという人がきっとほとんどでしょう。紀元前には古代ギリシャ自然哲学の発生、17 世紀には近代科学が確立したといわれていますが、「生活」を科学や学問の研究対象として扱うようになったのはつい最近、20 世紀に入ってからです。「生活」とは身近な個人的なものだから科学で扱っても意味がないとする意見もあるでしょう。しかし考えてみてください。あなたにとって人生で一番大事なことは何でしょうか？　"幸せに生活すること" なのではありませんか？　誰もが一番人事と考えていることを、放っておくことはできません。考えてみましょう！

〜ゴーギャンの代表作より〜

「生きる」と「生活する」

　「生きる」と「生活する」は同じことなのでしょうか、それとも違うのでしょうか。

　黒川喜太郎（1957）は、生活とは、物質から始まり、生命、生存を経て生活へと4段階に発達・変化するとする位層的発達段階説を論じました。田辺義一（1971）は、生活とは、生物体が生命をもち（生きている）、生き続け（生存）、それ自身が意識をもって生きるためのなんらかの活動をしている状態（生活）であり、生命を維持し、生存を全うする諸々の営みであるとしました。これらの主張から考えると、「生命がある」、「生きる」の土台の上に「生活する」がある、すなわち「生活する」の方がより高次の段階にあるものとして考えられそうです。

　一方、中原賢次（1948）は、生命とはその個体（生きている主体）の生きるための働き（営み）によって存続するとする営み論を展開しました。営みとは人間のみならず、すべて生けるものは皆なんらかの営みをもっており、呼吸、歩行・飛翔・遊泳、採集・捕獲・栽培・飼育、食べる、着る、眠る、育てる……など、生きるために必要な活動全てを指し、生は営みによって維持され安定し永続できるとしました。人間の働きの全ては、生命の担い手である現実の一人一人の人間の生命維持の働き＝営みとして考えると、「営み」を「生活」という言葉で置き換えることもできそうです。したがって、「生きる」を呼吸や消化・吸収・代謝のように生理的身体的なものと限定せずに、私たちが、食べたり、着たり、住んだり、勉強したり、遊んだり、仕事をしたり、そして様々なことを経験したり、考えたり、悲しんだり、喜んだりすることすべてを指すとするのであれば、「生きる」と「生活する」は同じであるととらえてよいのかもしれません。本書においては、「生きる」と「生活する」を異なるものと区別せず、話を進めていきたいと思います。

人間は何のために生きるのか

　ここでは人間の生きる目的について考えてみましょう。心理学者のマズロー（1908 ～ 1970）は、人間は様々な欲求を充足させながらより高い次元の欲求に向かっていくと考えました。ここでは最高次の欲求は、自己実現の欲求とされていますので、この考えからすると、人間は自己実現を目的として生きているといえるでしょう。自己実現とはあらゆる自然環境や周囲の人々との調和を図りながら、自分の目標、理想の実現に向けて努力し、成し遂げることと考えられます。

　富田守（2019）は、宇宙から生命までのすべての活動には「自己存続の原理」が働いているとし、人類の存在意義とは、すべてのものの「自己存続の原理」に貢献することであると考えました。高度な脳機能を持ち、科学・技術を発達させてきた人間は、そのような使命を負っていることを自覚し、大宇宙と地球の存続と、地球で生まれた生命の進化と発展に感謝し、それに応えなくてはならないこと、そして自己存続に反する活動（例えば戦争や虐殺、環境の汚染や破壊、乱獲による絶滅など）は即刻やめるべきとしています。人間は、人間を含めたあらゆるものの命を存続させるために生きる、すなわち、生きて生き続けること、そのことにこそ私たちが生きる目的があると考えてよいのかもしれません。

衣食住という生活

　一般に、生活というと私たちにとってとても身近なものである衣食住という言葉で表されることも多いようです。人間生活における衣食住は、自らの生命を維持するために欠かせない重要かつ基本的なことと考えられます。ここで家政学における衣食住のとらえ方をみてみましょう。ここに、布、木の実、コンクリート製の大きな器というモノがあるとします。私たち人間が、その布を「着る」、その木の実を「食べる」、その器に「住

む」という働きかけをすることにより、
布、木の実、器はそこにあるただのモ
ノから、衣服、食物、住居と呼ばれる
ものになるのです。そして私たちは「お
しゃれだな」、「美味しいな」、「安全だ
な」などと感じたりします。そこには、
私たち生きる人間と、布、木の実、器

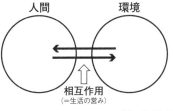

図表1-1 人間と環境の相互作用の様子

人間　　　　　環境

相互作用
（＝生活の営み）

出典：筆者作成

など様々なモノ（環境）との相互作用が生み出され、それこそが「生活」
としてとらえられるのです（**図表1-1**）。あるいはこんなとらえ方もできる
かもしれません。「着る」ことによって人間の外部を直接覆うものが衣、「食
べる」ことによって人間の内部に入ってしまうのが食、「住む」ことによっ
て少し離れたところで人間の外部を覆うのが住、と考えると、衣食住は
人間からの距離が違うだけの、人間の生を支えてくれている生活として
同じものであるとも考えられるのです。

人とかかわりあう環境

　人間と相互作用し、生活を成り立たせている環境についてどのように
考えればいいのでしょうか。私たち人間は、まずは自分の生命を維持す
るために、自分自身の身体という自然環境をうまく機能させながら生活
を営んでいます。そしてその大前提の上で、生活は、暑さ寒さ、空気や
水や日光などの自然環境とのかかわりや、家族や友人、学校や職場など
の人的（社会的）環境とのかかわりの中で成立しています。また、信仰
や絵画、文学や音楽の世界といった精神的環境とかかわりながら生活し
ているのも事実です。これらのことより、人間と相互作用し、生活を成
り立たせている環境を、自然環境、社会的環境、精神的環境という３つ
の枠組みとしてとらえてみると人間が生きるということを理解しやすい
のではないでしょうか。従来、科学研究においては、自然科学、社会科学、

人文科学という３大分類が知られていますが、これら諸科学は人間のかかわる自然、社会、精神という環境の真理をそれぞれ追究してきたものであるといえるでしょう。

「着る」「食べる」「住む」ことの意味

　初期人類は、地球の気候変動により、それまでの樹上生活からサバンナのような平原へ移動せざるを得なかったといわれています。サバンナの暑熱環境に適応するため、全身発汗をして体温を保つことが必要になり、発汗を効率的にするために全身の毛が抜け落ち、現在のような毛の無い身体になったと考えられています（真家和生、2012）。

　毛や羽という天然の服を常に着ている動物とは違い、裸になった人間が服を着る意味は何でしょうか。防寒、防暑、防雨などの体温調節、物理的、化学的危害から身体を護るといった身体保護などがあるでしょうが、おしゃれして美しくなりたい、個性を表現したいなどの装飾審美の意味もあるでしょう。また、冠婚葬祭のフォーマル服のような道徳儀礼上の働き、演劇用衣装のように変装や仮装をするための扮装擬態上の働きも挙げられるでしょう。服はただ着るだけで周囲の人たちに自己を表現し、情報を伝達できる、いわばノンバーバルコミュニケーションとしてとらえることもできるでしょう。

　次に私たちが「食べる」意味は何なのでしょうか。食は生命（いのち）の源といわれ、人間の最も基本的な欲求です。お腹がすくから、のどが渇くから、という本能的生理的欲求を満たすだけでなく、大好物をお腹いっぱい食べた時の満足感、幸福感は格別でしょうし、親しい友人や家族と一緒にとる食事は会話が弾み楽しいひと時になるでしょう。山極寿一（2012）によれば、食べ物を分け合い、一緒に食べるという"共食"という行動によって人間らしい心"向社会性"が育まれ人類の家族を成立させたそうです。つまり食を通じて人間関係が作られ、社会が作られる

といっても過言ではないのです。

　私たちが「住む」意味は何でしょうか。家には、寒さ暑さを防ぎ、雨や風雪、犯罪、社会的ストレスなど自然・社会的環境から身を守る機能があります。また家にいると安心できほっとできるという精神的機能もあります。帰る家や自分の居場所がない場合はとても悲しく感じるでしょう。そして何より家では日々の生活活動が行われており、長いときはその人の一生の生活を行う場を提供してくれるものでもあります。親しい人を招待してパーティを催すなど人との交流の場にもなるでしょう。さらに家は自分の所有物でもありながら、火事や地震で倒壊した場合は地域に影響を与えてしまうという外部性ももっています。家は様々な欲求を充足させてもらえるものであると同時に、自分が生きていると実感しその意義を確認できる場でもあると考えられるのです。

【引用・参考文献】

黒川喜太郎『家政学原論』光生館、1957年

佐藤真弓『生活と家族─家政学からの学び』一藝社、2016年

田辺義一『家政学総論』光生館、1971年

富田守「人類の存在意義とは？」富田 守・真家和生・針原伸二『学んでみると人類学はおもしろい』ベレ出版、2012年

富田守『我々はどこから来たか？我々は何者？我々はどこに向かうのか？我々の存在意義は？─現代人類学の人間観─』富田守（自費出版）、2019年

中原賢次『家政学原論』世界社、1948年

真家和生「身体的特徴と家族、生活方式の成立機序」富田 守・真家和生・針原伸二『学んでみると人類自然学はおもしろい』ベレ出版、2012年

山極寿一『家族進化論』東京大学出版会、2012年

（佐藤真弓）

第2節
生活を創造するとは？

　今あなたは幸せですか？　何を幸せと感じるかは人それぞれです
し、いろんな答えがあるのでしょう。もし、現在のあなたをとりま
く環境があなたにとって望ましいものでないとしても、あなたには
環境に働きかけ、その環境を変えていく力があります。自分らしい
幸せな生活をイメージし、デザインし、自分自身の自己実現を可能
にするような環境を創り出す（＝醸成する）ことができるのです。
それが生活を創造することといえるでしょう。

環境をシステムとしてとらえる

　アメリカ家政学の母と呼ばれるエレン・リチャーズ（1842〜1911）が考えた環境論の特徴は、環境を人間社会を含む1つの総体、システムとしてとらえた点にあるといえるでしょう。環境システムは、自然環境のみならず、衣食住などの物的環境、さらには「家族」を含む人的環境にも及んでいます。さらに、リチャーズは人間は環境から影響を受けるだけでなく、自己実現を図るために望ましい環境を自ら作り出すことができうる存在であるとする環境醸成の科学としての家政学を提唱しました。リチャーズは、この環境醸成科学と優境学の思想をもとに、環境と調和しながら発達し、存在する人間と環境双方の生命の尊厳を重視した環境教育を考えました。エコロジーとは本来、生命集団とその生存環境との多様な相互関係を研究する科学として考えられていますが、リチャーズは生活を生きている有機体として、人間と環境が倫理的思考をもちながら、よりよい相互関係を生み出していくことを目的とする人間生態学（Human Ecology）としての家政学を志向したのです。

生活を総合的にとらえる

　生活を対象として研究する際には、生活を全体として総合的にとらえる視点が重要になります。物事を全体としてとらえ、俯瞰することによって、その中にある要素（生活の場合は「人間」と「環境」）がどのようにかかわりあっているのか、それらの関係性を見出しやすくするのです。私たちが普段の生活を送る場合でも同じことがいえます。例えば、意見の対立があるとき、その当事者には自分の主張が正しいことしか見えませんが、第三者だとそれぞれの言い分を大局的に判断できたりします。また試験対策の問題集に取り組む場合、1ページ目から順番通りにやっていくよりも、まずは目次をみて問題集の全体像を把握し、得意、不得意

分野を定めるなどして、計画的に進める方がよりよい方法だといえます。

人間の生活を研究するということ —分析的研究と総合的研究

　従来の近代科学では、一つ一つの要素に分けて解明しようとする、いわゆる分析的研究が盛んに行われてきました。科学には客観性、実証性、再現性などを重んじる性質があるため、実験や観察、観測、調査等でデータを収集し、客観的手法で分析して得られた研究結果・結論の方が、誰もが納得でき、より科学的であると評価されてきたのです。

　しかし、生活のような複雑で多面的な性質をもつ大きなものを対象とする場合は総合的研究も必要になります。すなわち、データの分析で終わるのではなく、分析によって得られた知識群を総合・統合させようとする研究が重要になるのです。このような研究姿勢、研究志向を持つ研究者をランパーと呼びます。そして総合的研究を行う場合は、それら知識群をどのようにまとめるか、まとめるべきかという人間の思惟や倫理観、哲学的思考等が必要になります。

　東日本大震災の折に専門家からよくきかれた「想定外」という言葉があります。地震や津波学、科学技術、工学など、それぞれの専門分野では分析的研究が活発になされてきたことは事実でありましょう。しかし、専門分野の垣根を超えて、それら知識群をまとめ上げ、どのように生かせばよいかという"人間生活への統合"の視点があったかは疑問です。科学性、客観性が重んじられるあまりに、そこに生きている生身の人間の生活が置き去りにされてしまったといえるのではないでしょうか。

　中村桂子（2013）は「人間は生きものであり、自然の中にいる」と述べています。科学研究を行う科学者も一人の人間であり生活者であることを自覚すること、知識を統合させるには専門分野同士の融合ではなく、科学者という人間同士の融合が必要であると説いています。山極寿一（2019）は、人間の身体性の自覚、人間の意のままにならない自然とのや

りとりこそ重要とし、"データから脱出せよ"と述べています。また「天災は忘れたころにやってくる」の言葉を残した物理学者の寺田寅彦（1878 ～ 1935）は、"科学の法則は畢竟自然の記憶の覚書"と述べています。科学とは人間の言葉で表されるものでしかなく、自然を前に人間や科学はもっと謙虚であるべきと警告しているように思えます。どんなに科学が発達しようとも、あらゆることはまだ知られていないということを知ること、ソクラテス（BC469 ～ BC399）の「無知の知」、アインシュタイン（1879 ～ 1955）の「この世界に関して永遠に不可解なのは"世界が分かる"ということだ」という言葉を科学者は心に留めておく必要があります。

　これからは、人間らしい倫理観や理性、謙虚さをもちながら科学研究を行うこと、人間の生活こそが最も重要であることを知ること、すなわち"科学の生活化（岸本幸臣、2018）"を目指す時に来ているのです。

生活要素の調和　"with"の概念

　経営学者の青木茂（1922 ～ 2016）は家庭生活において、物質と人間、人間と人間が豊かに調和している姿（＝アート化）を追求すべきとしました。生活における諸要素の調和について、青木は、A と B という 2 つの対立軸がある時、A and B のように合わさってしまうのではなく、A or B のように対立するのでもなく、A with B のようにどちらもが少しずつ折れながら共に、という with の概念で説明しました。この with の概念は人間と人間の関係においても重要な視点となり得るでしょう。保育・介護など福祉分野などでみられる相手への寄り添いの態度、中間美砂子（2008）が取り上げた相互主観性（inter subjectivity）、思想家の柳宗悦（1889 ～ 1961）の相互扶助思想（一つを得んがためには二面を要）などはまさにその姿勢を表しており、保坂幸博（2003）の類比的共感的理解（異なる宗教や文化の理解には自分と似ている点を見つけ出し共感すること）は共存共生の社会を目指す上で参考になるものでしょう。

イメージとしての生活

　生活を考えるとき、生活というものが元々そこにあるのではなく、私たちがイメージとしての生活を作りあげているとする考え方があります。現象学では、ものがそこに実在することに対して絶対性を認めず、"そのように私が見えていること"に内在としての絶対性を認めます。例えばここに1個のリンゴがあるとして、これは何かと問われた場合、現象学的思考では「リンゴです」という答えではなく、「丸くて赤いものが私に見えていることは確信できるので、きっとリンゴに違いない」という答えになるのです。これは、見る人によって物事のとらえ方、判断は異なってくることを意味することでもあります。

　ユクスキュル（2005）は、生物たちが生きている世界は、生物たちの周りに広がっている客観的な環境ではなく、動物自身が作り上げ、彼らの知覚物で埋め尽くされた環境世界（環世界：Umwelt）であり、生物はその環世界の中でしか生きられないとしました。例えば人間の家に迷い込んできた1匹のハエは、皿の上にある餌には気づくでしょうが、ソファーや家具などはハエにとって全く意味をなさないので、それを認識することはありません。人間も同様で、私たち人間が作り上げている主観的な環世界の中で生きているといえるでしょう。

　文化人類学者の箭内匡（2018）は、フィールドワークを単なるデータ収集のための手法と考えるのではなく、その文化や社会への認識においてイメージ概念としてとらえ直すべきとしました。最初の第1のイメージ平面（原イメージ）から脱イメージ化が行われ、新たなイメージ的な生を与えられる再イメージ化が行われ、第2のイメージ平面へ着地、再構築するという過程を経て、より深くかつ多層的なイメージのもとで行う考察・再考察こそが人類学的創造の核心であるとしました。

　さらに、ボウルディング（1962）は、われわれの行動はわれわれのイメージに依存していると考え、人間のイメージを空間、時間、関係、価値、感情・

情緒、意識・無意識・潜在意識、確実・不確実、明晰・曖昧、現実・架空、公私といった側面でとらえることができるとしました。

　混迷を極める現代社会において、私たちがイメージして生活を作り上げているという見方があることを知ることは重要です。生活を、一方からだけではなく他方から、そして全体として見て、よく考え、想像力を働かせることによって、いかようにも生活をイメージし、新たなよりよい生活の創造をスムーズにさせることができるからです。

【引用・参考文献】

岸本幸臣「基　生活は万物の基礎である」『家政学のじかん』編集委員会編『楽しもう家政学－あなたの生活に寄り添う身近な学問』開隆堂出版、2017年

佐藤真弓「青木　茂編著『新・家政学原論』(中教出版、1970) を読む」(社) 日本家政学会家政学原論部会若手研究者による『家政学原論』を読む会著『若手研究者が読む「家政学原論」2006』家政教育社、2006年

佐藤真弓『生活と家族―家政学からの学び』一藝社、2016年

中間美砂子「私の家政学原論」家政学原論研究、No.42、pp.147-159、2008年

中村桂子『科学者が人間であるということ』岩波書店、2013年

保坂幸博『日本の自然崇拝、西洋のアニミズム』新評論、2003年

ボウルディング『ザ・イメージ』誠信書房、1962年

箭内匡『イメージの人類学』せりか書房、2018年

山極寿一・小原克博『人類の起源、宗教の誕生』平凡社、2019年

ユクスキュル／クリサート『生物から見た世界』岩波書店、2005年

（佐藤真弓）

column ❶　茶道って窮屈？

　茶室でお茶を飲むことは、日常とは別世界の中で心静かに安らぎ、癒される、憩いのひとときです。

　ご亭主の思い入れ（その日のテーマ・季節感やお客様に対する気持ち、ex. 古今和歌集のこの句を表現した茶会であるとか、誰それさんのお祝いであるとか）を想像し楽しむことができます。露路を通り、身を清め、お軸や花、茶道具などのしつらえを愛でる、ここまででも、日本の芸術・文化の素晴らしさ、侘びた風情を感じられます。

　さて、利休は「茶は服のよきように点て、炭は湯の沸くように置き、花は野にあるように、さて夏は涼しく冬は暖かに、刻限は早めに、降らずとも雨の用意、相客に心せよ。」と語り、心をこめ、本質を見極め、自然から与えられた命を尊び、季節感や心にゆとりを持つよう諭しています。また、お茶の心には「和敬清寂」があります。お互いに心を開き（和・理念）、尊敬しあっていると（敬・方法）、心の中も清らかに（清・表現）、動じない心（寂・哲学）になるということでしょう。出会いは「一期一会」、その日その時を大事にしなければ！　禅の心に通じていますね。なかなかその境地に至るのは難しいですけど……。わいわい騒ぐ楽しさもありますが、茶道には静けさの中に穏やかな楽しさ・清清(すがすが)しさ・おおらかさがあるのです。とりあえず、お湯を沸かして、お菓子を食べ、お茶を飲みませんか？

（齋藤宗重）

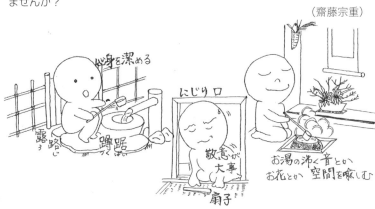

第2章

自然との
かかわりの中で生きる

第 3 節

地球に生きるとは？

　　生命が存在している太陽系の惑星は、地球以外にあると思いますか？　生命は唯一地球に存在しています。38 億年前に誕生した生命は、全球凍結を生き延び、海洋から陸上へと進化し、やがて人類が誕生しました。人類は、人類だけで生きているのではなく、植物、動物、様々な生物とのかかわり、空気や土、水などの無機的環境とのかかわりを保ちながら生きています。かつてこのかかわりを考える時に、宇宙船地球号という言葉が用いられました。宇宙船地球号とは、1960 年代のアメリカで用いられた言葉ですが、宇宙船という逃れられない閉鎖空間に模したこの言葉は、地球の循環するシステム、決して開放系ではないシステムをいかにして保つかということに気づくための警鐘だったように思います。

地球の生命の歴史

　生命は38億年前頃に、深海底の熱水噴出孔の周辺で誕生したのではないかと考えられています。約20億年前には、大気中に酸素がほとんど含まれていなかったと考えられますが、やがて、光合成を行う生物により、大気中に酸素が増え、好気呼吸を行う生物が増えていきました。しかし、その後、地球が氷河に覆われる全球凍結により、多くの生物は絶滅します。この時期を、海底で生き永らえた生物から、やがて多細胞の生物へと進化しました。海の中で進化した生物は、1mに達する大型の生物を経て、5億4000万年前頃には、異なる進化を遂げた生物の種類が爆発的に増えました。カンブリア爆発と呼ばれています（**田近英一、2007**）。3億5900万年前頃の石炭紀には、陸上に進出した植物が大型化し、その間を巨大な昆虫が移動していました。無脊椎動物の昆虫より遅れて、脊椎動物の両生類は四肢と肺をもち、陸上へ進出しました。三畳紀、ジュラ紀から白亜紀にかけて、恐竜が繁栄しましたが、約6500万年前白亜紀末に絶滅しました。隕石が落下し、恐竜だけでなくすべての動植物の75%が絶滅したと言われています。絶滅を逃れた一部の生物が、進化を遂げ、体高2mを超す鳥類が登場しました（**ディクソン、2003**）。そして、温暖化した地球で、哺乳類は一気に勢力を広げます。霊長類は、6500万年前から5600万年前の間に誕生し、ホモ・エレクトスやホモ・ネアンデルタレンシス、ホモ・サピエンスなど多くのヒト属が登場しました。現生人類のホモ・サピエンスとチンパンジーのゲノムの全遺伝子情報は99%同じと言われています。

　地球上の生物相は、大量絶滅、多様化を繰り返してきました。異なる環境に適応して独立に進化した生物は、突然変異と自然選択などにより、形態や行動、生活史に違いが生じ、やがては、生殖による遺伝子の交流がなくなり、異なる種へと分化していくと考えられています（**浅見崇比呂ら、2004**）。

改めて、地球上の生物が多様化してきた歴史を概観すると、生命誕生は38億年前、ホモ・サピエンスが登場したのは20万年前、38億年前から現在までの時間を1年に短縮して表すと、人類が誕生したのは12月31日午後11時32分頃となります。多くの生物たちが絶滅、適応放散を繰り返す中で、今日の生物多様性は形作られてきたのです。

地球に生きる私たちと環境

　地球に生きる私たち人類は、もちろん私たち人類だけで生活しているのではなく、植物、動物などの生物群集とそれを取り巻く無機的環境から成る生態系の中で存在しています。例えば、写真の沼のほとりにいる鳥、植物、昆虫、藻類、魚など、いく

手賀沼の風景　　　　　筆者撮影

つもの種類の動植物がいます。同じ場所に生活する同じ種類の生物どうしを個体群、その場所の植物の個体群の集まり、動物の個体群の集まりを合わせて生物群集といいます。水、土、空気などの無機的環境は、そこに暮らす鳥の個体群、昆虫の個体群、植物の個体群などの生物群集から影響を受け、また無機的環境は生物群集に影響を与えています。森林、草原などの植生は、**図表3-1** のように、気温や降水量などによって成り立ち、それぞれの森林や草原に昆虫、鳥、その他の動物が生活しています。これをバイオームと呼んでいます。例えば、年平均気温が約20℃以上、年間降水量が約3000mm以上の熱帯多雨林には、常緑広葉樹の大木が茂り、多くの種類の昆虫が生息し（**鷲谷いづみ**、2016）、降水量が少ないサバンナ（熱帯草原）にはイネ科の草本やアカシアの樹、シマウマやライオンなど多くの種類の動植物が生活しています（**安田弘法ら**、2004）。

図表 3-1 降水量と気温による世界のバイオーム型の分布

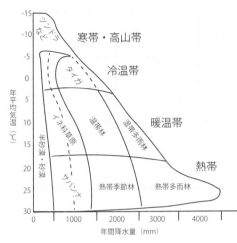

出典：[鷲谷、2011 年、p111] を基に筆者作成

それぞれの場所で、光合成をおこなう一次生産者である植物は、光合成によって空気中の二酸化炭素を取り込みますが、同時に呼吸も行い、植物を食する植食性動物や、それを食する肉食性動物も呼吸を行い、二酸化炭素は空気中に放出されます。炭素は、一つの生態系にとどまることはなく、地球全体で循環しています（**図表 3-2**）。

化石燃料の燃焼の増加が、大気中の二酸化炭素を増加させ、温室効果となり、地球温暖化の要因となっています。生態系の循環に影響を及ぼす人間活動の例としては、レイチェル・カーソンが 1962 年に『沈黙の

図表 3-2 生物圏における炭素の循環の様式図

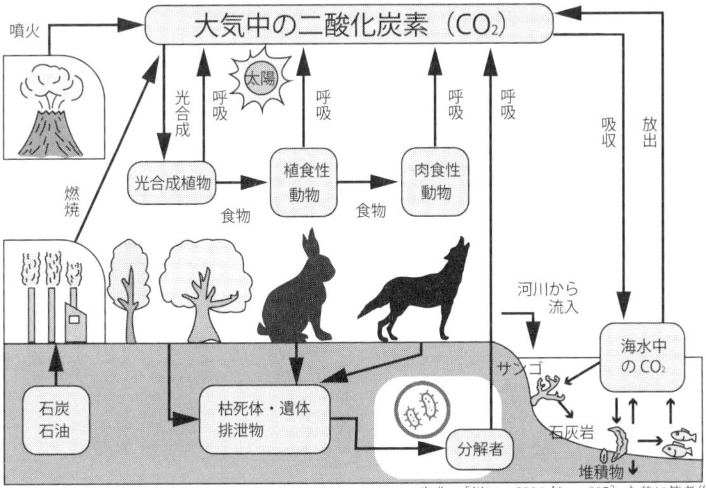

大気中の二酸化炭素（CO₂）

噴火

光合成　呼吸　大陽　呼吸　呼吸　呼吸　吸収　放出

光合成植物　植食性動物　肉食性動物

燃焼　食物　食物

河川から流入

海水中のCO₂

石炭石油　枯死体・遺体排泄物　分解者　サンゴ　石灰岩　堆積物

出典：[川口、2004 年、p.205] を基に筆者作成

春』に著した生物濃縮が挙げられます。カーソンは、DDT などの殺虫剤が、食物連鎖により魚や鳥の体内に蓄積し、有害な影響を与える事例を収集し、多面的に簡潔に記述して、生態学的な見地からの位置づけに努め、殺虫剤散布の影響が特定の地域にのみ限定される問題でないことを明らかにしました（**太田哲男**、1997）。

　地球温暖化にしても、生物濃縮にしても、生態系を物質が循環しているという概念や、人間活動がその循環に負荷を与えるという意識がないことから起こる自然環境破壊であると考えられます。地球温暖化に関しては、パリ協定で、世界的な平均気温の上昇を1.5℃以下に抑える努力を追求する2℃目標が掲げられました。また、G20 大阪サミットで、海洋プラスチックごみを2050年までにゼロにする目標が決まりました。鳥やクジラ、魚など海の生物たちが、海洋プラごみを餌と間違って食べてしまうだけでなく、マイクロプラスチックを含めたプラスチックから溶出する有害な化学物質が生物たちを汚染している（**山下麗ら**、2016）ことが問題となっています。

生物多様性を保全する

　地球温暖化や海洋プラごみは、地球上の生物多様性の減少を加速するものです。生物多様性は、生態系の多様性、種間（種）の多様性、種内（遺伝子）の多様性の3つの要素があります。これらの生物多様性を減少させる要因は、開発などの人間活動、自然に対する働きかけの縮小、外来生物などの人間によって持ち込まれたもの、地球温暖化などの地球環境の変化の4つの要因が挙げられます（**環境省**、2012）。

　2010年に愛知県名古屋市で開催された生物多様性条約締約国会議COP10で、2020年までの生物多様性に関する20の個別目標を設定しました。しかし、この愛知目標を科学的に評価し、的確に政策に反映させていくためのIPBES報告書（**環境省**、2019）には、絶滅のペースが過去

1000万年の平均と比べて、少なくとも数十倍から数百倍に早まっていることが報告され（**国連広報センター、2019**）、生物多様性の損失は深刻さを増しています。

　私たちは、人間の活動が、自然環境に影響を及ぼしすぎていることに気づかずに、あるいは気づかないふりをして暮らしてきました。しかし、現在の生態系は、長い進化の過程で織りなしてきた生物多様性とともにあるのです。地球史上12月31日の大晦日に誕生した人類はわずかの間に、他の生物を絶滅に追い込んでいるのかもしれません。私たち人間は、生物多様性を保全する意義を、切実に考えなくてはならない時がきているようです。

【引用・参考文献】

浅見崇比呂ら「進化からみた生態」、川口英之「生態系の構造と機能」、安田弘法ら「生物群集とその分布」日本生態学会編『生態学入門』東京化学同人、2004年

太田哲男『レイチェル・カーソン』清水書院、1997年

環境省「生物多様性国家戦略2012-2020」2012年 https://www.biodic.go.jp/biodiversity/about/initiatives/files/2012-2020/01_honbun.pdf（2019年8月30日確認）

環境省「生物多様性分野の科学と政策の統合を目指して」http://www.biodic.go.jp/biodiversity/activity/policy/ipbes/files/ipbes_pamphlet1603.pdf（2019年8月30日確認）

国際連合広報センター「国連報告書が世界に「警告」」https://www.unic.or.jp/news_press/features_backgrounders/33018/（2019年7月2日確認）

田近英一「全球凍結と生物進化」地学雑誌116(1)pp.79-94、2007年

ディクソン『生命と地球の進化アトラスⅡ』朝倉書店、2003年

フラー『宇宙船地球号操縦マニュアル』筑摩書房、2000年

山下麗ら「海洋プラスチック汚染：海洋生態系におけるプラスチックの動態と生物への影響」日本生態学会誌66、pp.51-68、2016年

鷲谷いづみ監修・編『生態学基礎から保全へ』培風館、2016年

（加藤美由紀）

身体が生きる、死ぬとは？

　わたしはどうやって生まれてきたのだろうと考えたことはありますか？　受精卵というたった一つの細胞が次々に分裂をし、数十兆個の細胞で組織された人体になるまでおよそ9か月間を胎内で過ごし、この世に誕生します。生後1年間でおよそ体重を3倍、身長を1.5倍に増やし、その後も成長発達を遂げ、20代には老化が始まりやがて死を迎えるのです。生命の誕生、老化、死という現象を通じて、自然環境としての人間の身体を考えてみましょう。

生きている、て言えるのかしら

綿棒などで
こすったヒトのほほの細胞

生命の誕生——人であることはいつ始まるか

　人間の発生の出発点である受精卵は他の細胞よりはるかに大きく、直径およそ0.1ミリで肉眼でかすかに見えるほどだといいます。その大きさがあるため自分自身をただ2つ、4つ、8つと相次いで分裂するだけで多細胞の胚になれます。この卵割と呼ばれる細胞分裂は胚にとって栄養補給し、細胞内の分子を娘細胞のあいだで短時間に等しく分けあう作業ができ、実に都合がいいメカニズムです。このように1つの細胞を複数に増やすのは、たくさんのことを同時にやれるようにするためなのだそうです。そういえば私たちは空気を吸い、食べ物を消化し、化学物質を分解し、髪の毛を伸ばし、新しい皮膚細胞をつくり、体温を調節したり、考えたり、楽しんだりと複雑なことを同時にし続けています。つまり、ただ分裂して同じものを増やすだけではなく、細胞を特殊化させ均一性を失わせること（細胞の分化）によって、細胞が別々のすべき仕事ができるようにしているのです。

　受精から9日目のヒト胚は体液が満たされた球体を2層の円盤状の細胞層が二分しているというものでしかないですが、この後あと2日程度で一気に「体らしきもの」へと変身する（原腸形成）といいます。このプロセスにおいて将来胴体になる部分と頭になる部分が分かれていきます。この時点を境界として人間の生命が始まると考える人もいますが、刻一刻と変化していく発生の段階において、たとえそれがどの段階だとしても、「いまだ人ならざるもの」と「すでに人であるもの」との間に明確な境界を引こうとすることは難しいばかりでなく、慎むべきことといえるのかもしれません。

　ヒト胚の研究も多くは動物実験の知見を応用したものにすぎず、生物学界においても「人であること」の生物学的基盤について十分理解されていないのが現状なのです。

老化という現象

　脳や眼、筋肉、脊髄などにある神経細胞や、エネルギーを生み出す筋肉の細胞は、基本的には細胞分裂を行わずそのまま使い続けますが、紫外線など外部からの物理的刺激や細胞内のミトコンドリアがエネルギーとなる ATP の生産に失敗したときに生じる活性酸素などが酸化ストレスとなって細胞を傷つけ、機能劣化を引き起こすと考えられています。それが老化のメカニズムです。また細胞内の不要なものを取り囲み分解しリサイクルする“細胞の自浄機能（2016 年大隅良典博士がノーベル医学・生理学賞を受賞した「オートファジー」）”に異常が生じた場合、細胞内がたんぱく質のゴミだらけになり機能劣化を起こすという説も注目されています。一方、細胞分裂を頻繁に行うような細胞では別の老化現象が知られています。DNA の末端に存在する「テロメア」という物質が細胞分裂の上限回数を決め一定以上は細胞分裂を起こさないようにしています。分裂の止まった細胞は老化しますが、老化することで他の物質と反応したり、異常のある DNA との結合を防ぐことで、細胞のがん化を抑制しているセーフティネットとしての働きもあるのです。

生と死の境界はどこか

　生命の誕生と同様に考えれば、生と死に明確な境界線を引くことは難しいことといえるでしょう。身体を構成する数十兆個の細胞全てが活動を停止すればそれは死といえるのかもしれませんが、それぞれの細胞が停止に向けて刻一刻と変化をしていくなかで“ここからは死である”と決定することは誰にもできないからです。また、人間の身体を構成する炭素や窒素などの原子などあらゆる物質は、人間の体内のほかにも空気中や土壌、別の生物の体内など環境の中に常に存在しています。このように原子レベルで考えれば、生態系という大きな枠組の中では、人間を

構成する原子は永遠に存在し続けるととらえることもできるのです。

　従来、自発呼吸が止まる、心拍が止まる、瞳孔が開くという三兆候があれば死とされていますが、1997年臓器移植法施行を契機に世間の人々の死に対する考え方が「脳死も人の死である」へ変わってきました。脳死は脳の全機能が失われた状態で自発呼吸も当然できませんが、人工呼吸器をつけしばらくの間は心臓を動かすことができます。この法律は脳死の人から臓器を取り出しても法律上許されるとしているだけで、死の定義が変わったことを意味しません。ではだれが死を決めるのでしょうか。解剖学者の養老孟司（2019）は、死は人間関係の中でしか存在しないもので、死は社会にこそ存在すると述べています。養老は、フランスの哲学者ウラジミール・ジャンケレヴィッチ（1903〜1985）の、一人称の死（自分自身の死）、二人称の死（家族や非常に親しい人の死）、三人称の死（親しくない赤の他人の死）の死の3分類を挙げ、これまでは二人称の死のみしかその人の性格や人生に影響を与えなかったが、これからの情報社会においては三人称の死が増えるだろうとしています。三人称の死が増えることで、「死」を保存し、修正できる"情報"として考える傾向が強くなり、自分や身近な人の「死」や、ひいてはそれらの「生」に対する深い洞察がなくなっていくだろうと指摘しています。

　今日の科学技術の発展と情報化がもたらしたゲノム編集、出生前診断、脳死・臓器移植、胃ろう、閉じ込め、安楽死、尊厳死など生命倫理に関する諸問題に対して社会全体で考えていく必要があります。今こそ私たちは人間としての生き方、あり方を問われているように思うのです。

【引用・参考文献】
　ジェイミー・A.デイヴィス、橘明美訳『人体はこうしてつくられる』紀伊国屋書店、2018年
　養老孟司「老化のしくみ」Newton別冊『死とは何か』ニュートンプレス、2019年
　高橋都・一ノ瀬正樹編『死生学5−医と法をめぐる生死の境界』東京大学出版会、2008年
（佐藤真弓）

生きるために食べるとは？

　みなさんは、自分が生きている間にあと何回食事ができるのか、考えたことがありますか？　20 歳の人の場合、80 歳まで生きるとして、1 日 3 食で計算すると 6 万 5,700 回です。意外と少ないと感じませんか？　食べることは人が生きるために必要なことであると同時に、心を豊かにしてくれる楽しい行為です。しかし、食べたいもの、おいしいものを好きなだけ食べていては、身体を壊してしまいます。健康な身体で人生を全うするために、正しい知識を持って「何を食べるのか」を自ら決めることは、様々な食の情報が溢れる現代社会において非常に重要なことでしょう。

ソクラテス
"生きるために食べよ
食べるために生きるな"

毎日食べること、代謝を上手く進めること

　私たちにとって「食べる」ことはあまりにも身近で、日常的に繰り返している行動です。それ故に、その質の重要性については、深く考えていない人もいるでしょう。

　私たちの身体は食べたものでつくられています。しかし、今日食べた鶏肉がそのままの形で身体の一部分になるわけではありません。福岡伸一（2017）は、たとえどんな細部であっても、それを構成するのは元をたどると食物に由来する元素なのだと述べています。つまり、ご飯や肉魚、野菜に含まれる、たんぱく質、炭水化物、脂質、ビタミンおよびミネラルの五大栄養素は、そのまま、もしくは消化酵素によって小さい分子へ分解されて消化管より吸収され、栄養として全身へ運ばれて、骨や組織・筋肉を作ったり、身体を動かす力となるエネルギーを作ったり、身体の機能を調節したりしているのです。これが代謝と呼ばれる働きです。そして一見、大人の骨や組織・筋肉はすでに完成されている同じものをずっと使っているように感じますが、実際には細胞は常に壊され、そして新しく作られて、毎日一兆個ずつ入れ替わっています。したがって、毎日食べて必要な栄養素を摂取しなければ、私たちは生命を保つことが出来ないのです。

　では、バランスのよい食事が求められるのはなぜでしょうか。多量栄養素である、たんぱく質や炭水化物、脂質は生命の維持や、身体を動かすために必要なエネルギーとなりますが、この代謝には微量栄養素であるビタミンやミネラルが重要な役割を果たします。偏った食事をしているとビタミンやミネラルが不足し、筋肉が落ちたり、太りやすい体になったりします。　例えば、疲労回復ビタミンとよばれるビタミン B_1 は糖質を代謝する際に必要です。偏った食事によって、このビタミン B_1 の摂取量が少なくなれば、糖質はエネルギーになりにくく、余った分が体に蓄積されて太ってしまいます。また反対に、糖質の多いものを食べると、こ

れを代謝するためばかりにビタミン B_1 が使われてしまい、疲労回復まで
に手が回らず、いつでも疲れていて、なんとなくだるいといった健康状
態になると考えられます。このように栄養素はそれぞれが別に代謝され
るだけでなく、複雑に絡み合うことで代謝されているのです。したがって、
特定の食品ばかりを食べたり、偏った栄養バランスの食事をとり続けた
りすることは、代謝がうまく進まずに健康な身体を作ることが難しくなっ
てしまうのです。

バランスのよい食事とは

　バランスのよい食事をしましょうとよく言われますが、具体的にどう
すればよいのでしょうか。各栄養素をそれぞれどれくらい摂取すればよ
いのかという数値は、「日本人の食事摂取基準」に示されており、食事改
善や給食管理に用いられています。さらに、1日の適切な食事摂取量を
わかりやすいイラストで示した「食事バランスガイド」が策定され、例
えば主菜は1日に3皿程度食べましょうといった目安が示されています。
また4つの食品群という分類もあり、この各群からそれぞれの食品を摂
取することで誰でもバランスのよい食事をすることができます。ここま
では教科書で学ぶ基本的なバランスのよい食事の考え方です。

　しかしながら、私たちは日々生活する中で、毎日毎食バランスよく食
べることは難しいものです。朝食を食パン1枚だけで済ませたり、昼食
はラーメンだけであったり、おやつにケーキを食べすぎてお腹が空かな
いので夕食は食べずに終わり、という日も時にはあるでしょう。このよ
うな食事が、バランスの悪いことは一目瞭然ですが、このような食事を
した後、皆さんはどのような行動を起こしますか？

　先日「ダイエットをしようと思ってカロリーを気にして、ご飯を食べ
ない時の方が意外と痩せないよね」と学生が話しているのを耳にしまし
た。そうなのです、食べてないから代謝できずに痩せないのです。先に

述べたように、私たちは五大栄養素をバランスよく摂取しないとうまく代謝できません。したがって、朝食を食パン１枚で済ませたなら、その日の昼食には足りない食品・栄養素を補うために、野菜やお肉を中心に食べるというように、１日の中、または数日の中で、バランスをとることが重要です。この食事バランスのとり方を理解すれば、カロリーだけを気にしてカロリーゼロの食品を食べたり、糖質をとらない食事を続けたりすることは、意味がないことだと気がつくと思います。ラーメンやケーキは食べてはいけないものではありません。美味しく楽しくいただき、その前後に何を食べるか自ら考え決めることが、バランスのよい食事をするということなのです。

食生活と健康

　食生活と健康が密接にかかわることは事実ですが、これさえ食べていれば健康万全という食品や、反対に食べると病気になってしまうという食品は無いのです（髙橋久仁子、2016）。また木下あおい（2014）は、食べることは悪いことではなく楽しいことであり、食べてはいけないものは何かではなく、何を食べたいのかと考えるべきであり、例えばダイエット中であれば、「お菓子を我慢しよう」ではなく「今の自分に必要なものは何か？」へと考え方を少し変えることだと言っています。何を食べるのか自ら選択し食の質を高めることが、数年後の健康な身体を作ること、生活の質を高めることにも繋がっています。健康な身体で人生を全うするために、さて、次の食事で皆さんは何を食べますか？

【引用・参考文献】
　木下あおい『美人はコレを食べている。』大和書房、2014年
　髙橋久仁子『「健康食品」ウソ・ホント』講談社、2016年
　福岡伸一『〔新版〕動的平衡生命はなぜそこに宿るのか』小学館、2017年

（築舘香澄）

第6節

生きるために住むとは？

　人にはなぜ家があり、そこに「住む」のでしょうか？　当たり前ですが、人間は生きるために水や食料、寝る場所が必要です。雨風や日光を防ぐことができ、温度湿度を保つことができる頑丈な屋根や壁に囲まれた建物に住むことは、安全で快適な生活を送るための第一歩といってもよいでしょう。ここではおもに自然環境へのかかわりからみる住生活について考えていきましょう。

？平安時代の庶民住居はまだたて穴式が使われていました。

人間の住まいはいつから？

　そもそも人間はいつから住まいを持つようになったのでしょうか。原始の人類は地球の大きな気候変動により森林の樹上生活からサバンナへの移動を余儀なくされたといわれています。食糧もあり雨風も凌げて怖い敵からも身を護ることができる樹上という天然の住まいがあった森林と比べ、身を守るような草木もない過酷な暑熱環境の草原生活に適応するために、人間は洞窟や岩棚に住んだり、火を焚いてその住環境をさらに住みよいように整えたり、石器など道具を発達させて住まいを自らつくるようになったであろうことが想像できます。

　人類学者の佐倉朔（1930〜2015）は、猿人段階の数百万年前からオスとメス一対の恒常的なペアが定住生活を行い、子を教育したことが、脳を発達させ、現在のような人類の家族を生み出した要因として欠かせないと考えました。定住生活を行うということは、そこに生活の場所が固定されるということであり、住まいが存在するということです。そこを拠点に食べ物を集め、寝たり、休んだりすることを可能にする住まいの存在は、自分や愛する家族の生活を確立させ、地域社会を生み出していく基盤となったと考えられるのです。

シェルターとしての住まい

　住まいには、寒さ暑さを防ぎ、雨や風雪、熱、湿気、空気、光、音、においなどの外的な自然環境から身を守る機能、さらに、犯罪、危害、社会的ストレスなど社会的環境から身を守る機能があります。これらはいわばシェルターの役割としての住まいの位置づけであり、住まいの保護的機能といえるでしょう。そこに住む人間の生命の安全と、蓄えられている生活資材や資産の安全の保障と快適な居住環境の確保がなされなくてはいけません。

水道、ガス、電気などライフラインは名前のごとく命をつなぐ綱であり、これらがなければ現代の私たちは普段の生活を送ることもできませんし、それを提供してくれるのが住まいです。夏の暑さや冬の寒さから身を守ってくれるエアコン、扇風機、ストーブ、床暖房や、食品の鮮度を保つ冷蔵庫、部屋や衣類を清潔にしてくれる掃除機や洗濯機などの家電も人間生活を守る住まいの自然環境への適応の例といえるでしょう。

　また、吉田兼好『徒然草』には「家の作りやうは、夏をむねとすべし」という言葉があります。冬は衣服を着れば暖かさが確保できるが、暑い夏には風通し、遮光、温度湿度などが適切な住まいでないと堪えられないという意味です。東南アジア地域や日本では縄文時代の遺跡などで知られる高床式の住居も通風性にすぐれ、水の侵入を防ぐことができます。扇風機やエアコンのなかった昔の人々は知恵を絞り、自然環境と向き合っていたということでしょう。

人間の生理的身体的活動と住生活

　住まいでは生命を維持するための最も基本的で重要な活動が行われています。トイレでの排泄や、風呂、シャワーにおける清潔保持もそうでしょう。また、玄関、窓、門、壁、屋根など強固なもので囲み安全を確保し、食料を冷蔵庫に保管し、キッチンでは調理をしています。ベッドや布団をしいて睡眠もとります。さらに快適な住空間のために、住まいを建築する際には、シンクとガスコンロ、食器棚などを行き来する動線を考えたり、プライバシーを守るための個室、団欒のための居間の間取りを考えたりします。さらに、化学物質によるシックハウス症候群を防ぎ、バリアフリー化、耐震化、不燃性の建材を用いるなど、住まいはそこに住む人間の生理的身体的活動がよりよく行われるために配慮されなければならないものでもあるのです。

自然環境に配慮した住生活

　自然環境との調和も住まいにおいては重要な視点です。持続可能な循環型社会の構築に向けて、環境への負荷をできるだけ低減していかなくてはなりません。適切な冷暖房温度の設定、長寿命、低消費電力であるLED照明の使用や、こまめな節電・節水など、生活の省エネ行動の推進が望まれます。

　また、太陽光発電、太陽熱利用、高効率な断熱材、屋上緑化、雨水利用といった技術を有効に活用したエコ住宅、環境共生住宅が今後増えてくることも期待されます。その一つとしてZEH（ネット・ゼロ・エネルギー・ハウス）が挙げられます。これは外皮の断熱性能等を大幅に向上させるとともに高効率な設備システムの導入により、室内環境の質を維持しつつ大幅な省エネルギーを実現した上で、太陽光発電を導入するなど新たな再生可能エネルギーを創出し、年間の空調・給湯・照明・換気といった一次エネルギー消費量の収支をゼロとすることを目指した住宅建築です。ZEHの設置に対して国は補助金を出すなどして取り組みを支援しています。そしてこれらの設備が将来処理不能な廃棄物にならないように、十分に配慮検討をしていくこともさらに重要なことでしょう。

【引用・参考文献】
　環境省「平成31年度のＺＥＨ関連事業（補助金）について」https://www.env.go.jp/earth/ondanka/zeh/h31.html　（2019年9月25日確認）
　経済産業省　資源エネルギー庁　「省エネポータルサイト」https://www.enecho.meti.go.jp/category/saving_and_new/saving/general/housing/index03.html　（2019年9月25日確認）
　国土交通省「ＺＥＨ（ネット・ゼロ・エネルギー・ハウス）、ＬＣＣＭ（ライフ・サイクル・カーボン・マイナス）住宅関連事業（補助金）について」http://www.mlit.go.jp/jutakukentiku/house/jutakukentiku_house_tk4_000153.html　（2019年9月25日確認）
　佐藤真弓『生活と家族－家政学からの学び』一藝社、2016年
　松井静子『〔改訂〕住生活論』建帛社、2001年

（佐藤真弓）

第7節

生きるために着るとは？

　人はなぜ「服」を着るのか考えてみたことはありますか？　すべ
ての動物は、生まれてきたときには裸なのに、どうして人だけ「服」
を着るようになったのでしょう。

　被服とは、身体に着用するもの、衣服は、身体を包む物の総称です。
「服」とは、身につけるものとして、衣服も被服も含まれますので、
ここでは「服」と表記することとします。

　哺乳類を「けもの」といいますが、これは「毛のもの」を意味し
ます。そもそも人も哺乳類なのに、他の動物と違い体毛は一部を残
して退化してしまいました。どうしてそうなったのでしょうか？

私が着ることと
動物が着ることじゃ
意味が違うのね。

二足歩行と体毛の退化の関係

　中学生の頃、初期の人類をアウストラロピテクスと習い、ネアンデルタール人が出現し、人の祖先にあたるホモ＝サピエンスになるという進化の過程の絵を記憶している方も多いと思います。

　700万年前の人の祖先は、体重を四肢で支え基本的には樹上生活でした。200万年前になってやっと人の歩き方（二足歩行）になり、簡単な道具を作り始めますが、100万年前でも住居も火も服も知らなかったようです。人の進化の加速は、気候変動という見方が有力ですが、食料調達のため樹上からサバンナへ降りたことも、二足歩行と共に人が体毛を失ったことに大きく関与しているというのです。森から草原に出たヒトの祖先は食べ物を求めて長距離を歩いたり走ったりするライフスタイルとなり、活発に動き回っても体温が上がりすぎないための仕組みとして体毛を無くすことが必要だったのです（ジャブロンスキー、2010）。

自然環境との共存における服

　一説には体毛を失った人類は自然環境に適応し、身体を保護するために服を着るようになったと考えられています。自然への適応には、寒い、暑いなどの体温調節をしたり、外部の危険から身を守ったり、身体の衛生保持があります。

　一方、自然環境を利用して服を作ってきたという面も考えられます。アメリカ・ジョージア州の洞窟群からは、約3万年前のピンクや黒、青に染められた植物繊維が見つかり、当時の布地作りに関する手掛かりになるとされています。このピンクの繊維と青の繊維について、ピンクに染めるのに使用したと推測される「茜」には、浄血、保温、細胞活性化の効果が期待でき、青に染めるのに使用したと推測される「藍」には、抗菌、抗紫外線、排毒の効果ができ、医療のない古代の人は、自らを守

るため自然が持つ効能を利用し、工夫していたと憶測されます。体毛を失った人類にとって、服とは、自然環境に適応するために必要な「道具」だったといえるでしょう。

服の機能

服の機能は大きく保健衛生的機能と社会的機能の2つに分けられ、生活の中に活用されています（**図表7-1**）。

図表 7-1　服の機能

	機　　能	例
保健衛生的機能	・**体温調節の補助、快適安全** 暑さ寒さを防ぎ、体温の調節をする。 汗を吸収し皮膚を清潔に保ち、快適安全な状態を保つ。 ・**身体の護身性（保護）** 紫外線や害虫、危険物（火・毒・傷など）などから身体を守る。 ・**生活活動（機能的・生理的）の適合** 運動や作業、睡眠やなどの活動を補助する。	・温暖期の吸水性・速乾性服 ・寒冷期のコート ・消防用服（耐熱性、耐薬性） ・医療用服（抗菌防臭、UVカット） ・身体の動かし易さ ・スポーツウエア、パジャマ
社会的機能	・**職業や所属集団の表示** 職務の内容を印象付ける、集団への所属意識を高め自覚する。 ・**社会慣習への順応** 儀式などで喜びや悲しみを表現し、社会生活を円滑に保つ。 ・**自己表現、情報伝達** 自分の気持ちや感情を形にする。 着用する人の美意識や個性を表現し装う。コミュニケーションツールとしての活用。	・警察官や消防士の制服 ・学校の制服 ・冠婚葬祭の被服（婚礼衣装や喪服） ・デザイナーという職業 ・おしゃれをする。 ・好きなアーティストと同じ服を着る（仲間意識）。

出典：　[牧野ほか／平成28年検定済教科書、2017年、p184〜189] を基に筆者作成

衣食住は、人の生活に不可欠なものと表されます。では、なぜこの順番になっているのでしょうか？　皮膚は人の身体で最大の臓器にあたり、その役割は重要です。皮膚の３分の１を損傷すると生命の危険があるとされることからも、その重要性が分かります。そして、食と住は自然界から調達・確保出来たとしても、体毛を消失した人にとって皮膚を保護する衣だけは生み出す必要性がありました。生き抜くための優先順位ともいえるでしょう。

　中国の歴史書『書経』には、「鍼灸は中薬なり、飲食、衣服は大薬なり」と記されています。薬を飲むことを「服用」「服薬」ということからも、服は病気を治癒させる＝生命維持の鍵は体温維持であり、服がいかに大切なものであったことが分かります。

　生きるために不可欠だった「服」について、考えてみませんか？

【引用・参考文献】
　小林茂雄・藤田雅夫 編著、内田直子・孫珠熙・内藤章江『装いの心理と行動』アイ・ケイコーポレーション、2017年
　DNP 大日本印刷　Museum Information Japan artscape「現代美術用語辞典」https://artscape.jp/dictionary/modern/（2019年9月27日確認）
　千村典生『ファッションの歴史』平凡社、2009年
　ナショナルジオグラフィック「先史人類が着た衣服、服装の起源を探る」http://natgeo.nikkeibp.co.jp/nng/article/news/14/8356、（2019年9月27日確認）
　N.G.ジャブロンスキー「なぜヒトだけ無毛になったのか」『日経サイエンス』2010年5月号http://www.nikkei-science.com/page/magazine/1005/201005_030.html（2019年7月28日参照）
　能澤慧子『世界服飾史のすべてがわかる本』ナツメ社、2016年
　牧野カツコほか／平成28年検定済教科書『家庭総合　自立・共生・創造』（家総307）東京書籍、2017年

（髙橋裕子）

「恐竜、見に行きたい！」

休日の朝、テレビで恐竜の存在を知った3歳の娘のリクエストで、夫と娘は博物館の恐竜展へ出かけていきました。夕方、家に帰ってきた娘に、「恐竜どうだった？」とたずねました。すると、娘の口から思いがけない言葉が返ってきたのです。

「恐竜いなかったの。骨だけあった。」

ハッとしました。私たちにとって、恐竜はずっと昔に絶滅した生き物で、今はこの世に実在しないということは当たり前の事実です。でも、3歳の幼いこの子はそのことを知りません。きっと朝、サファリパークの動物のように本物の恐竜に会えると思って楽しみに出かけていったはずです。

恐竜の絶滅理由とは違いますが、現在も世界中に絶滅の危機にある動物たちがいます。このまま、人間の手によって生物多様性が失われ続けてしまったら……。未来の地球に暮らす子どもたちは、私たちがいま会うことのできる動物だって、博物館に展示された骨の姿でしか会えなくなってしまうかもしれません。

そんな日が来てしまわないように、今の私たちにできることを考えていきたいですね。

（叶内茜）

第3章

社会との
かかわりの中で生きる

働くとは？

　仕事は面倒だと思ったことはありませんか？

　仕事は面倒だと思っている人は、仕事が苦しいものだと思っている真面目な人でしょう。しかし、働くことって、それだけでしょうか？　お金を稼ぐため？　生活するため？　遊ぶため？　商品売買をして生活が成り立っている現在、お金は必要ですが、では、無償の家事労働は働くことではないのでしょうか？

　働くことは、達成感や自己成長、自己表現、社会貢献など、自分の生活を豊かにし、自分自身を未来に向けて高めていけるものでもあり、社会と自分をつなげていくものです。現代社会において、働くことと、家庭生活、遊ぶことを対比させるのではなく、どんなかかわりがあるか考えてみましょう。

"働くこと"とは
まるで答えのない
パズルのような
ものです…。

労働観の変遷

　人類誕生から木の実を採り、草の実や根を採ることは生存の営みであり、「働き」でした。中原賢次（**1948**）は人間の生活を「営み」という言葉で表現しています。営みとは生命の宿命であり、生きるための「働き」のことです。この場合働くこととは、生きるために必要な生活そのものといえます。

　古代ギリシャ時代、ポリス（都市国家）では市民足り得るために奴隷が必要であり、労働は奴隷が行う苦役でした。食物を得るための農作業など、現代では尊ばれている生きるために必要な労働が蔑まされていたのです。罰としての労働といってもいいかもしれません。神に背いて木の実を食べてしまったアダムが罰として労働が課せられたように、その流れは中世（5世紀〜14世紀）まで続きます。しかし、新約聖書3章10節には「働かざる者、食うべからず」の一節があるように、日常の労働に励むことは大切な行いであり、祈りでもありました。

　次の転機は、16世紀ルター（1483〜1546）の宗教改革です。教会や司祭が否定され、魂の救済のために労働を求め、労働に励むことが宗教的使命と捉えられます。また、プロテスタントのカルヴァン派では勤勉な労働による富の増大が肯定され、神に正しく仕えたことの証しとされます。こうした流れは、18世紀の産業革命により、より鮮明になりますが、同時に、労働を宗教と切り離す役目も果たすことになっていきます。

　ジョン・ロック（1632〜1704）は、個人による所有への権利を認め、より多くの価値ないしは富を生み出すものとして労働がとらえられます。「貪欲」ではなく、「浪費」を戒めています。これを体系化したアダム・スミス（1723〜1790）は労働価値説を唱え、労働は富の源泉であり、すべての商品の交換価値の真実の尺度としました。さらに、この影響を受けたカール・マルクス（1818〜1883）は自ら設定した目的の実現の過程としてあるとき、労働がかけがえのない意味を持つとして、強制や束縛

された労働を超えた先に共産主義社会が現れるとしました。こうした背景には産業革命によって、工業化が進み、機械の一部と課した人間の姿があったからです。一部の資本家から搾取される労働者がいて、労働は人として扱われない、人間疎外の産物となっています。一方で、ヘーゲル（1770 ～ 1831）は労働とは人間の自己実現の過程であるとしました。

　国際労働機関（International Labour Organization ＝ ILO）は、1919 年、労働者の権利を守り、公正な社会を目指して設立されました。フィラデルフィア宣言（ILO、1944）では「労働は、商品ではない」とされ、人権基準の基盤となりました。また、1999 年、ILO 総会において、ディーセント・ワーク（Decent work）を活動の主目標と位置づけています。ディーセント・ワークとは、働きがいのある人間らしい仕事で、労働における基本的権利と社会保障などの保護を十分に受け、人間らしい生活を継続的に営める人間らしい仕事を指します。2015 年国連「持続可能な開発のための 2030 アジェンダ（Sustainable Development Goals ＝ SDGs）」においてディーセント・ワークが政策の中心に位置づけられ、2019 年 ILO 創立100 周年宣言では、AI（Artificial Intelligence）やロボット技術などの新技術により新たな働き方（ex. インターネット上で仲介される短期・単発の働き方やそれによって成り立つ経済形態であるギグ・エコノミー〈Gig Economy〉、クラウドワーク）や雇用創出が人々の幸福となるのか、それとも破壊に向かうのか、新たな 100 年に向けて人間中心の「仕事の未来」へと宣言されています。しかし、世界では**図表 8-2・図表 8-3** のように未だディーセント・ワークには至っていないようです。

図表 8-1　労働観の変遷

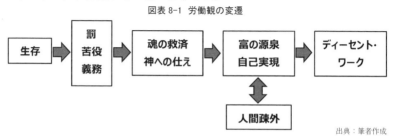

出典：筆者作成

図表 8-2 社会的保護を受けているか

社会的保護を全く受けていない人, 55%	約 40 億人	社会的保護を 1 つでも受けている人, 45%

出典：「世界社会的保護報告　2017-19 年版」（ILO）を基に筆者作成

図表 8-3 世界の児童労働 （地域別割合・約 1 億 5200 万人）

南北アメリカ, 6.6%

アフリカ, 47.8%	アジア太平洋, 41.1%		アラブ諸国, 0.8%

ヨーロッパ・中央アジア, 3.7%

出典：「児童労働の現状」ILO 駐日事務所を基に筆者作成

　では、育児・介護などの家事労働（無償労働）はどうでしょうか？「家庭への、家庭が支えているものへの愛は、日常のつらい仕事を社会奉仕という高次の仕事に転嫁させる」（リチャーズ、2005）といわれてきました。衣食住や育児にかかわる家事労働は人間が生きていく上で必要な仕事です。家事労働によって、健康や安らぎが得られ、さらに社会への労働力の質を高めることにもなります。誰かのために働くことは相手のことを考え行動し、生活を豊かにするという意味で生涯学習です。ある人にとっては苦役、ある人にとっては奉仕で、充実感を与え自己成長をもたらすもの、あるいはその両方かもしれません。岡野八代（2012）は近代国家における「自律した個」を理想像とし、子育てや介護などケアする者を二流とみなしてきたことを批判し、「人は傷つき依存して生きるヴァルネラブルな存在である」ことをハンナ・アーレント（1906 ~ 1975）の言葉を引用しながら明らかにしました。他者との非暴力的な関係（ケアの倫理）が政治のはじまりであり、傷つき依存する関係から社会を構想すべきことが指摘されています。家事労働の価値を今一度考え直してみるべきではないでしょうか。ただし、他者からの評価が得られず、苦悩している現状も見落としてはいけません。

　現代の労働観は、苦役、修道、富、ケア、束縛、人間疎外、自己実現などのどれが正しいというのではなく、個々人により異なり、多様化し、ある面では複合化された労働観となっているようです。

　さて、これからはどうなっていくのでしょうか？

ケインズ（1883 〜 1946）は、「孫の世代の経済的可能性」の中で、100年後（2030 年ごろ）、食べるための労働から解放され、自由な時間を豊かさを楽しむために使える人は、「生活を楽しむ術を維持し洗練させて、完璧に近づけていく人、そして、生活の手段にすぎないものに自分を売り渡さない人だろう」と述べています。また、大多数は目的を失い、ノイローゼになると予想し、現代社会を言い当てています。短時間仕事をし、皆で仕事を分け合うことで先延ばしにすることを提案しており、つまりワークシェアリングが有効であることを 100 年ほど前に語っています。

日本の雇用状況

　各人に合わせた多様な働き方はすばらしいですね。ある人は趣味に力を注ぎ、ある人は学び直しのために仕事量を減らす、ある人は仕事に生きがいを見いだし……。しかし、実際はどうなっているでしょうか？正規・非正規の推移（**図表 8-4**）や賃金格差（**図表 8-5**）、非正規の男女割合（**図表 8-6**）、男女の賃金格差（**図表 8-7**）から、どのようなことがいえますか。

　いずれをとっても、日本における労働環境はよいとはいえない状況です。長時間労働の是正、雇用の流動、正規・非正規の格差解消、男女賃

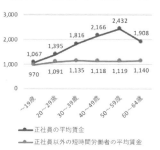

図表 8-4　正規雇用と非正規雇用労働者の推移

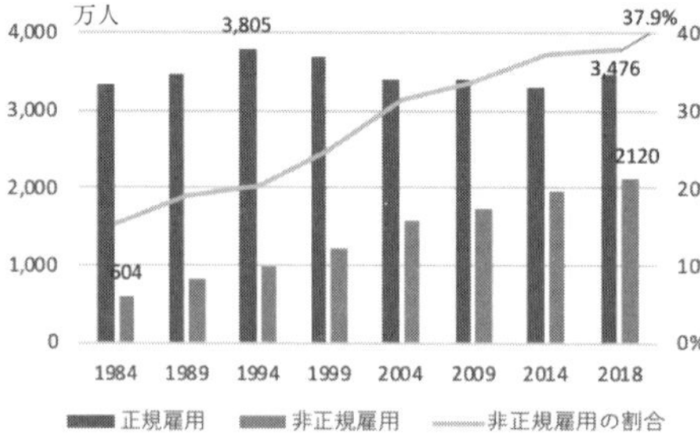

出典：[総務省「労働力調査」（年平均）] を基に筆者作成

図表 8-5　賃金カーブ（時給ベース）

出典：[厚生労働省「賃金構造基本統計調査」（平成 30 年）] を基に筆者作成

図表 8-6　非正規の男女比率（日本）

男性,
31.6%

女性,
68.4%

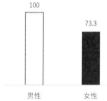

図表 8-7　男女の賃金格差

男性　100

女性　73.3

出典：［図表 8-6、8-7 ともに内閣府「男女共同参画白書　令和元年版］」を基に筆者作成

金格差の是正等が必要です。政府による「働き方改革」は、労働者人口を増やすための少子化対策や女性活用等による「一億総活躍」、ジョブ型雇用、AI 等技術革新を推し進め効率化を促進させようとする動きです。働き方を変えるためには、そのための必要条件や環境整備について対話を重ねなければならないでしょう。そもそも働くとはあなたにとってどういうことですか。

【引用・参考文献】

岡野八代『フェミニズムの政治学―ケアの倫理をグローバル社会へ』みすず書房、2012 年

ILO 駐日事務所「ＩＬＯ憲章、フィラデルフィア宣言」https://www.ilo.org/tokyo/about-ilo/organization/WCMS_236600/lang-ja/index.htm　（2019 年 9 月 27 日確認）

アダム・スミス著、大河内一男訳『国富論(1)～(3)』中央公論新社、1978 年

J. M. ケインズ「孫の世代の経済的可能性」J.M. ケインズ、山岡洋一訳『ケインズ説得論集』日本経済新聞出版社、2010 年

世界保健機関（World Health Organization）, 1946「世界保健機関憲章」(CONSTITUTION OF THE WORLD HEALTH ORGANIZATION)　http://www.mofa.go.jp/mofaj/files/000026609.pdf（2019 年 9 月 24 日確認）

中原賢次『家政学原論』世界社、1948 年

ジョシュア・ハルバースタム著、桜田直美 訳『仕事と幸福、そして人生について』ディスカヴァー・トゥエンティワン、2009 年

ヘーゲル、長谷川宏訳『精神現象学』作品社、1998 年

カール・マルクス、岡崎次郎訳『資本論(1)～(9)』大月書店、1972 ～ 1995 年

E. H.　リチャーズ、住田和子・住田良仁訳『ユーセニクス―制御可能な環境の科学―』スペクトラム出版社、2005 年

ジョン・ロック、鵜飼信成訳『市民政府論』岩波書店、1968 年

山極寿一『家族進化論』東京大学出版会、2012 年

（齋藤美重子）

第9節

消費社会を生きるとは？

　あなたは欲しいモノがありますか？

　「別に欲しいものがない」という人もいるでしょう。

この先インターネットの普及とAI技術の発展により、余っている

モノを瞬時に欲しい人のもとへ届けることが可能になり、再び物々

交換になるという声も聞かれます。消費は人の心やその時代の社会

を映す鏡なのかもしれません。

　「我々は豊かな社会を目指そうとするけれども、それは豊かな社会＝幸福

　という神話である」Jean Baudrillard

　「無限の消費と発展を求める社会は、人々を、地球を疲弊させる」José

Alberto Mujica

消費生活と消費者問題の発生

　物々交換であった時代には、何か問題が起こったとしても個人対個人で解決されました。19世紀の産業革命を経て資本主義経済となり、貨幣を介した物の消費が本格化し、大量生産・大量消費・大量廃棄時代から新たな消費者問題が発生したといわれます。

　ここで、契約成立の時点とは申し込みの意思表示とそれに対する承諾の意思表示が合致（合意）した時です。ですから、書面がなくても、口約束でも契約は成立します。①契約締結の自由、②契約相手方選択の自由、③契約方式の自由、④契約内容決定の自由という4原則が民法に明文化され、契約自由の原則といわれます。これはお互いが対等・平等な関係にある場合には問題が起こりません。どちらかの知識や情報量、経済力等に差がある場合には、力のない者が不利になります。日本では森永ヒ素ミルク事件、ニセ牛缶事件などの消費者問題が発生し、消費者被害救済制度ができました。現在は、北（先進国）の企業＞北の消費者＞南（発展途上国）の生産者＞南の消費者という関係性です。

　つまり、消費者問題はこうした不均衡な状況がもたらした複雑化した製品の流通・販売、安全性・品質の不透明性にあるといえるでしょう。J.ボードリヤール（2015）は、他人との差異を示すために消費しているようでいて、私たちは欲求を持つ存在であることを強いられていると語っています。私たちは本当に欲しいモノを買っているのでしょうか？

南国リゾートの大半は かつての"激戦地"ですが あまり表には 出されません。

モノからコトへ、そして

　日本では 1945 年〜 1955 年ごろまでの戦後復興期を経て、1955 年〜 1973 年「オイルショック」までの高度経済成長期、その後の安定成長期、1990 年代以降「バブル崩壊・失われた 20 年」と呼ばれています。

　高度経済成長期にはモノの購入で豊かさを実感した時代でした。「三種の神器」（冷蔵庫・洗濯機・白黒テレビ、1950 年代後半）から「3C」（カー・クーラー・カラーテレビ、1960 年代半ば）をそろえることが幸福で豊かな生活と考えられました。ちょっと横道にそれますが、山田昌弘（2005）は戦後家族モデルを「夫は仕事、妻は家事・子育てを行って豊かな家族生活をめざし」、努力すれば実現できる家族モデルとしました。「豊かさを目指す家族」には成長性と生きがいの双方の意味が込められていると考えられ、経済成長が豊かさに欠かせないものとしていたことが窺えます。現在の日本の政策に通じるものがあります。

　安定成長期（1974 〜 1991）には、エンゲル係数（消費支出に占める食費の割合）は徐々に下がり、家計において食費以外の支出が増えました。DC ブランドものなど珍しいモノ、新しいモノの購入が流行った時期であり、グローバル化に伴い、安価な輸入品も豊富に手に入るようにもなりました。しかし、同時に生産と消費の距離が拡大し、安全性に疑問が生じる事態が巻き起こったのです。

　バブル崩壊後の 1990 年代には労働基準法（第 32 条）改正により週 40 時間原則化がなされ、週休 2 日制が広く普及しました。このころからモノからコト（体験すること・サービスを受けること）への消費に移行し、コンビニ、外食、中食の増加、さらに、情報化の波を受けたサービスも増加していきました（消費者庁、2019）。

　高齢化も進み、高齢者をターゲットにしたモノづくりや介護サービスが登場し、シニア層の市場規模（医療、介護、食品・ファッション・娯楽・IT などの生活産業）は拡大が見込まれます。人口減少社会となった

日本では、より多様なニーズにこたえるモノを作らなければ企業は生き残れません。ヒトがモノに合わせる大量生産・大量消費時代からモノがヒトに合わせる時代が到来しそうです。こうした中でユニバーサルデザインが研究されています。今後さらに様々な分野で、より多くの人が使いやすいユニバーサルデザインや、個々人のニーズに合わせ、生活の質（Quality of Life = QOL）を高めることを助けるモノやサービスが増えていくでしょう。

　三浦展（2012）は、東日本大震災をエポックメーキングとして人とのつながりを実感させ、第四の消費社会へと変化していると論じています。シェアハウスやインターネットを介した消費（フリーマーケット、オンラインゲーム、eスポーツなど）が普及し利便性が高まるとともに、その情報にアクセスできない人との格差が生まれるという問題も孕んでいます。

消費行動

　日本における社会経済活動の中での消費活動を**図表 9-1** に示します。消費者の消費行動が企業、政治、経済、社会へ大きな影響を与えることがわかります。仮に消費者が公正で持続可能なモノを購入すれば、そうしたモノは利益が出るため企業は生産し、利益を上げ、その企業は生き残ります。そして、多くの企業がもうかるならばと追随し、ひいては社会全体の流れが変わるということです。「消費は投票行動」といわれるゆえんです。消費者が何を購入するかは、企業に大きな影響を与えます。マーケティングの世界では、1割の消費者が買うものを企業は生産するといわれます。それだけ、消費者には力があるのです。

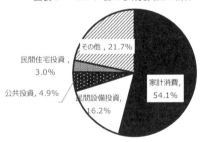

図表 9-1　GDP に占める消費支出の割合

その他, 21.7%
民間住宅投資, 3.0%
公共投資, 4.9%
民間設備投資, 16.2%
家計消費, 54.1%

出典：［消費者庁「令和元年消費者白書」］を基に筆者作成

エシカル消費

　エシカル（ethical）とは「倫理的な」と訳されますが、エシカル消費は1989年英国の大学生が創刊した雑誌から始まるといわれ、企業にエシカルな経営（人権、環境、動物への権利、持続可能性、政治的活動等に対しての倫理的な取り組み）を働きかけることが目的です。また、商品の背景（素材や原産国の状況、動植物への影響等）を知り、自分にとって良いものという観点だけでなく、社会において持続可能なものを購入することを指します。具体的にはフェアトレード（公正な貿易）商品の購入、カーシェア、リサイクル素材の衣料購入など、環境保全、社会貢献になる消費のことです。しかし、「私はお金持ちではないから高いモノは買えない」と思っていませんか。その根本となる公正（正義）の理念について考えてみましょう。

　確かに1800年代フランスにはノブレス・オブリージュ（仏：noblesse oblige）「貴族は義務と社会的責任がある」という道徳観がありました。しかし、公正（正義）について、マイケル・サンデル（2011）は、不利な人がいればその人に多くの援助をして

Justice（公正）　Equality（平等）　Capitalism（資本主義）

初めて公正といえるだろうと述べています。先進国に住む私たちにできることがあると思いませんか。

　まだ人権・環境・健康などすべてを解決できるモノやサービスは存在していませんから、その背景を知り、自分にとって、自分の最適な生活にとって、社会にとって自然環境にとって何を大切にすべきかを考えなければなりません。様々な取り組みを複合的に検討しましょう。回りまわって自分に返ってくるのですから。

シェアリングエコノミー

　グローバル化の綻びが見え始めた 2000 年以降、特に 2008 年リーマンショックが 1 つのきっかけになり、モノを所有することから必要最小限のモノを買い、普段使わないものは借りる・共有する・シェアすることを厭わない傾向が見られるようになりました（野口、2017）。もちろん、地球温暖化、ごみ問題などの環境意識の向上もその背景にありますが、インターネットの普及が大きく影響しています。インターネットのプラットフォームを介して、個人間での取引をする民泊や車のシェア、自分の持っているスキルと時間をシェアする家事代行や語学指導、お金のシェアであるクラウドファンディングなど、シェアリングエコノミーは世界でも広がっています。しかしながら、インターネットを介した個人間の取引には情報格差とともに、責任の所在という新たな消費者問題を巻き起こす可能性があります。つながりを重視した消費には、生活に根ざしたネットワークが必要なのかもしれません。

持続可能な社会

　「地球の有限性」に着目したローマクラブによる『成長の限界（The limits to Growth, 1972）』は世界に衝撃を与えました。このままでは破滅であるという共通認識のもと、技術開発のみならず生活様式の見直しが問われました。循環的な環境を考えることは文化・文明を考えることでもあるのです。

　持続可能な社会とは、循環型社会、自然共生社会、低炭素社会が組み合わされた社会のことで、現在の世代も将来の世代にも要求を満たす地球環境や自然環境のみならず、社会環境の保全・開発社会のことです。電化生活や使い捨てなど私たちの暮らし方が自然環境を脅かしてきたのは事実です。今後生物多様性を尊重し、エネルギー資源、水・土・空気

などの地球環境の安全で持続可能な活用を考えなければなりません。また、日本における持続可能な社会を考えるときに、食料自給率の低さの問題（ex.海外で不測の事態が起きた時に輸入が止まり、今までの食生活が成り立たない）は有名ですが、エネルギー自給率も8％（2016年度）しかありません。

　日本のごみ排出量をみても同様のことがいえます。ごみの総排出量は、2000年の約5,500万トンをピークに減ってはいるものの、2014年現在4,400万トンを超えています（環境省）。大量廃棄を前提としない、環境を維持できる社会を目指して、1993年環境基本法（2008年改正）、2000年循環型社会形成推進基本法（基本的な枠組みとなる法律）のほか、個別的な規制を記した容器包装リサイクル法（1995年成立）、家電リサイクル法（1998年成立）などが成立しました。3R・5Rは知っている人も多いことでしょう。Reduce（発生抑制）・Reuse（再使用）・Recycle（再生利用）・Repair（修理）・Refuse（拒否）のことで、このほかRental（借りる）もごみを減らすことになります。

　また、プラスチックごみによる海洋汚染が国際問題となる中、日本でも廃プラスチックの行方が問題となっています。2021年には汚れた廃プラの輸出を禁止するバーゼル条約が改正発効されます。環境省によると、2017年に日本で出た廃プラは約903万トンです。その抑制策の一つとして、年間300億枚〜500億枚といわれるレジ袋の有料化がなされています。しかし、現在の日本では廃プラのうち約143万トン（2017）はリサイクルとして輸出しており、まだまだ不十分といえます。

　さらに気候変動に関する政府間パネル（IPCC）は第5次評価報告書の中で、温暖化には疑う余地はないことを示しました。地球温暖化を食い止める低炭素社会にむけて、再生可能エネルギーの普及や、食べ方、着方、住まい方など家庭での消費エネルギー削減、企業での社会的責任（CSR ＝ Corporate Social Responsibility）を果たすことが求められます。温室効果ガス削減のために炭素税（環境税）を導入したフィンランド（1990年）

やヨーロッパ各国では実情に合わせた制度が導入されています。

　私たちには継続できる日常的な工夫が必要です。環境に配慮した行動やボランティア活動、グリーン購入[1]やオーガニック、地産地消、フェアトレードなどのエシカル消費を実践する人、レンタルやクラウドファンディングにみられるシェアリングエコノミーに着目する人、複合的な価値を追求する人もいるでしょう。多様な価値観が存在している中、今一度、自分が何を欲しているのか、経済のためだけに生かされていないか、私たちの生活は持続可能といえるか、問い直してみましょう。

注釈

[1] 環境省によれば、グリーン購入とは、「製品やサービスを購入する際に、環境を考慮して、必要性をよく考え、環境への負荷ができるだけ少ないものを選んで購入すること」とし、グリーン購入法（2001年施行）では、地方公共団体や事業者・国民にもグリーン購入に努めることを求めています。

【引用・参考文献】

環境省HP「平成29年版環境統計集」ごみの総排出量　http://www.env.go.jp/doc/toukei/contents/pdfdata/h29/2017_all.pdf（2019年9月11日確認）

岸本純子「拡大する高齢者見守りサービスの市場と先端技術活用によるイノベーションの期待」情報未来、No.53、NTTデータ経営研究所、2017年　https://www.nttdata-strategy.com/pub/infofuture/backnumbers/53/no53_report07.html（2019年7月25日確認）

消費者庁HP「令和元年版消費者白書」https://www.caa.go.jp/policies/policy/consumer_research/white_paper/pdf/2019_whitepaper_all.pdf（2019年9月11日確認）

マイケル・サンデル著、鬼澤忍訳『これからの「正義」の話をしよう』早川書房、2011年

野口功一『シェアリングエコノミーまるわかり』日本経済新聞出版社、2017年

レイチェル・ボッツマン, ルー・ロジャース、小林弘人監修、関美和訳『シェア〈共有〉からビジネスを生みだす新戦略』NHK出版、2010年

J.ボードリヤール、今村仁司・塚原史共訳『消費社会の神話と構造 新装版』紀伊國屋書店、2015年

三浦展『第四の消費―つながりを生み出す社会へ―』朝日新聞出版、2012年

山田昌弘『迷走する家族―戦後家族モデルの形成と解体』有斐閣、2005年

（齋藤美重子）

第10節

食べて社会とつながるとは？

　人生最後の晩餐に食べたいものは何ですか？

　寿司？　ラーメン？　焼肉？　どれをとっても自給自足ですべての食べ物を賄っている人は少ないでしょう。

　どこからきて、どういう流れで自分の手元に届き、どこに向かうのか、その背景やフードシステム（食料品の生産から流通・消費に至る一連の食料供給の流れ）を考えてみましょう。

　「どんなものを食べているか言ってみたまえ。君がどんな人間か言いあててみせよう」ブリア・サヴァラン

キャッサバ（タピオカ）はドリンクだけではありません。

バイオマス（燃料）

工業用のり（製紙業など）

主食として食べる

でん粉

加工産業

もっちり食感のお菓子や冷凍麺

タピオカ入りドリンク

共食

　山極寿一（2007）によれば、人類に分岐される前段階、約6500万年前、霊長類は樹上に暮らし、昆虫を食していたとされ、やがて、虫だけでなく、花、葉、果実を食べるようになったようです。そのころからずっと自然界と共生していたといえます。約700万年前に人類に分岐し、森を出て、捕食者対策として、効率的に食物を集め仲間のもとへ持ち帰って食べる習性を身につけました。これが共食のはじまりであり、食物を分配して一緒に食べるという行為は他の霊長類にはほとんどみられません。食物の分配はオスの子育ての一環であり、子どもの自立を促し、共同保育を促進させ、社会形成へと導かれていったと考えられています。つまり、共食は社会関係やコミュニケーションを発展させ、文化を創り出した原点といえます。

　原田信男（2010）は人間が他の動物と異なる点を料理と共食であることをあげ、人間の文化としています。食事作法や儀式など文化を発展させ、集団生活を維持させるために、共食の意義があるとされます。

　現代の日本において、共食はなされているのでしょうか。

食のグローバル化

　伝統的で地域色に溢れた食がある一方で、ハンバーガーのように世界中どこに行っても同じ味の画一化した食も溢れています。こうした食の画一化には効率性と経済性を重視した食生活志向があり、安い食材の調達にはどこかにしわ寄せがきています。

　産業革命に始まった植民地主義によるモノカルチャー（単一栽培・大規模農場）と国際分業、グローバル化の進行は、食の国際化・多様化とともに格差の拡大ももたらします。多国籍企業による資源やモノカルチャーの支配システムは残り、新植民地主義ともいわれます。

1982年、鶴見良行による『バナナと日本人』が出版され、日本人が食べているバナナが多国籍企業によるモノカルチャーでの大量農薬と環境汚染、生産者の健康被害の上に成り立っていたことを告発し、衝撃を与えました。こうした中で、無農薬バナナの貿易（フェアトレード）も始まったのです。食物の背景にある自然・人・社会への影響などを知ることは社会を変えていく力にもなるのです。

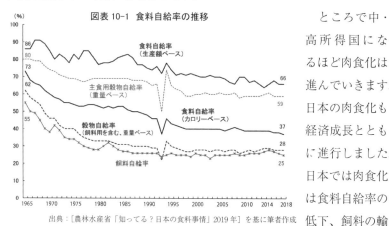

図表 10-1 食料自給率の推移

出典：〔農林水産省「知ってる？日本の食料事情」2019 年〕を基に筆者作成

ところで中・高所得国になるほど肉食化は進んでいきます。日本の肉食化も経済成長とともに進行しました。日本では肉食化は食料自給率の低下、飼料の輸入拡大をもたらしました（**図表 10-1**）。環境に与える負荷を定量的に把握できるフードマイレージ（食料輸入量×輸送距離）では、日本は世界で最も高く、言い換えれば CO_2 の排出量が多い国といえます。さらに、ロンドン大学名誉教授のアンソニー・アラン教授は食料輸入によって、その生産に必要な水を輸入していることと同じであるとして、バーチャル・ウォーター・トレードに着目しました。国連では国際行動の 10 年「持続可能な開発のための水」（2018-2028）として、世界の水危機（不足問題・衛生問題）が大きく取り上げられています。輸入農産物の多い、つまり食料自給率の低い日本ではバーチャルウォーターも高く、水の搾取ともいえます。「地産地消」、それが叶わなければ国産、それも無理ならば "Think globally, act locally" で、生産元を調べる、買い物の基準を見直すことも大切でしょう。

食の外部化

図表 10-2　外食率と食の外部化率の推移

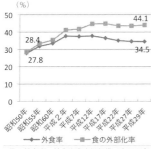

注：外食率＝外食産業市場規模／全国の食料・飲料支出額、食の外部化率＝料理品・小売業市場規模＋外食産業市場規模／全国の食料・飲料支出額
出典：［公益財団法人食の安全・安心財団］を基に筆者作成

　近年の日本では、食の多様化・国際化に加え、食の外部化（ex. 出来合いの総菜やお弁当を買う：**図表 10-2**）も起こっています。食の外部化には時短で、余暇等の時間にあてるメリットはありますが、料理する楽しさを手放すことになります。効率性・経済性を重視する食の外部化には、低価格の原材料費を求めることによる食料自給率低下や安全性問題など、生活の根幹を揺るがす食料の危機が孕んでいます。生産・流通・加工・消費までのフードシステムは複雑化し、生産から消費までの距離は遠くなっています（**図表 10-3**）。

図表 10-3　飲食費のフロー

食用農林水産物の生産段階 10,477	生産から消費に至る流れ（単位：10億円）	飲食料最終消費段階 76,271 (100%)

```
国内生産
9,174

輸入食用
農林水産物
1.303

最終消費向け
3,135 ──2,807──→ 生鮮品等 12,469 (16.3%)

食品製造業向け
6,382 ──1,255──→ 国内生産二次加工向け加工食品を含む 39,179

国内生産二次加工向け1,523 → 最終消費向け加工食品 4,167 ──2,359──→ 加工品 38,681 (50.7%)

最終消費向け加工食品 23,360 ──15,320──→

輸入加工食品 5,916 → 外食産業向け加工食品 5,916 ──2,377──→ 国内生産 25,121 → 外食 25,121 (32.9%)

外食産業向け
960 ──669──→
```

出典：［農林水産省「平成23（2011）年農林漁業及び関連産業を中心とした産業連関表」］を基に筆者作成

1986年オタワ憲章（世界保健機関）では「自らの健康を決定づける要因を自らよりよくコントロールできるようにしていくこと」というヘルスプロモーション（Health Promotion）が明文化されました。平和・住居・食べ物・収入・安定した生態系・生存のための諸資源、社会的正義と公正の確保が健康の基盤として重要です（島内ら、2000）。つまり、健康は市民の権利です。健康な食事には、単に栄養面での食べ方のみならず、食料の安定供給、生産工程での農薬や抗生物質、食品添加物、容器に含まれる環境ホルモンや化学物質など、予防原則に基づく情報公開と環境整備が必要でしょう。日本では2006年有機農業推進法が成立しましたが、取り組み面積は全耕地面積の0.5%（2017年）です。加工食品業や外食産業、学校給食等による有機農産物（オーガニック）の活用が求められています。

食品ロス

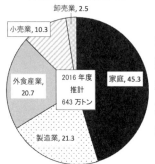

図表 10-4　日本における食品廃棄物
（平成 28 年度推計値、%）

卸売業, 2.5
小売業, 10.3
外食産業, 20.7
2016 年度推計 643 万トン
家庭, 45.3
製造業, 21.3

出典：［農林水産省 HP］を基に筆者作成

　食品ロスとは食べられるのに捨てられてしまう食品のことで、食料廃棄物のうち可食部分と考えられる規格外品、返品、売れ残り、食べ残しなどのことをいいます。日本における食品廃棄物は 2016 年度推計 643 万トンで、そのうちおおよそ半分（45.3%）は家庭から出されています（**図表 10-4**）。

　食品ロスは国際的な環境問題、貧困問題ともつながります。世界の食料廃棄が年間 13 億トンに対し、8 億人を超える人々が栄養不足に苦しんでいます。一部のファミリーレストランやホテルでは食べきれなかった分の持ち帰り容器があります。QR コードを読み込み、消費期限の迫った食品を安価で購入できるアプリもあります。コンビニでは廃棄前の値引き販売やポイント還元も行われつつあります。私たちは、食料品価格に上乗せされ

た廃棄コストも支払っていることを認識し、自分事として考えてみましょう。2000年には食品リサイクル法が成立しました。食品の製造から納品までの期間を縛る「3分の1ルール」が見直され、2019年には食品ロス削減推進法も成立しました。食品ロス削減のために、必要な物以外は買わない、フードバンクに届けるなど一人一人の行動が問われます。繰り返しになりますが、食は今や世界とつながっています。食に対する姿勢—どんな食材を購入し、どう調理（ex. エネルギー・水消費量を考慮）し食べるのか、あるいは中食産業のどんな食べ物を選択するのか、外食産業のどんなサービスを受けるのか、何を廃棄するのか—が社会を変える力になります。すなわち、何を食べているかは、その人の教養を表すといっていいかもしれません。

【引用・参考文献】
アジア太平洋資料センター『DVD：甘いバナナの苦い現実』2018年
沖大幹『水の未来—グローバルリスクと日本』岩波書店、2016年
公益財団法人食の安全・安心財団「外食率と食の外部化率の推移」 http://www.anan-zaidan.or.jp/data/（2019年9月8日確認）
島内憲夫、助友裕子『ヘルスプロモーションのすすめ　地球サイズの愛は、自分らしく生きるために！（21世紀の健康戦略）』垣内出版、2000年
鶴見良行『バナナと日本人—フィリピン農園と食卓のあいだ』岩波書店、1982年
中田哲也『新版フード・マイレージ—あなたの食が地球を変える』日本評論社、2018年
農林水産省「食品廃棄物等の利用状況等」http://www.maff.go.jp/j/shokusan/recycle/syoku_loss/attach/pdf/161227_4-118.pdf（2019年9月8日確認）
農林水産省　「平成23年（2011年）農林漁業及び関連産業を中心とした産業連関表（飲食費のフローを含む。）大臣官房統計部」http://www.maff.go.jp/j/tokei/kouhyou/sangyou_renkan_flow23/pdf/23io_kouhyo_0_1.pdf（2019年9月6日確認）
農林水産省「知ってる？日本の食料事情」 http://www.maff.go.jp/j/zyukyu/zikyu_ritu/011.html（2019年9月20日確認）
原田信男『日本人はなにを食べてきたか』角川学芸出版、2010年
山極寿一『暴力はどこからきたか—人間性の起源を探る』NHK出版、2007年
ブリア・サヴァラン『美味礼賛（上・下）』岩波書店、1967年

（齋藤美重子）

第11節

住んで社会とつながるとは？

　理想の住まいは、郊外の戸建？　それとも都心のマンション？

　人生100年時代、団塊世代が定年を迎え第二の人生を新天地で始めたり、郊外居住者が利便性の高い都市に住宅を所有したり、住まいには様々な選択肢があります。その住まいは複数が集まって地域社会を構成し、住環境の安全性や快適性に相互作用しています。

　地域社会には、生涯にわたって生活を支える社会的な役割があります。例えば、医療、福祉、教育、文化を提供する施設は、生活の健康・安全、地域とのかかわりをもたらし、広い意味での「住まい」です。住まいの機能が住宅内に留まらず、外部化するほど、地域を支える協働の担い手が必要とされるでしょう。

まちづくりに参加しよう

　地域の特色や歴史的背景をふまえたまちづくりが全国で行われています。例えば、高齢化と人口減少に直面する新潟県見附市では、高齢者の健康を増進し歩いて生活のできるコンパクトシティへの転換が図られています。高齢者に配慮した住環境は、子育てにも便利なため、幅広い世代が地域に参画する協働のまちづくりが期待されています。

　戦後の日本では画一的な市街地が開発され、地域の固有性が失われました。その反省から、現存する歴史的建築を保存・活用して景観を整えたり、人的・物的資源として生きた建築を積極的にまちに開いたり、住まい・住環境に誇りや愛着をもつ試みが全国に広がっています。

　地域の資源を探索するマップづくりは、災害時の助け合いに役立ち、地域探検のまち歩きは、防災・減災に備える防災教育に通じます。東日本大震災以降、被害のリスクを予測する「ハザードマップ」が自治体によって公開されています。避難場所や避難経路を実際に確認して、自らの防災力を高めることが必要とされるでしょう。

　自然災害によって住まいを失った被災地では、生活再建の目途が立たず、不安な暮らしをする人は少なくありません。非常時を想定した住まいと住環境の安全性が改めて問われています。

都市化・郊外化の後、空き家問題

　都市の不燃化が本格実施された契機は関東大震災であり、木造住宅に代わり、コンクリート造住宅が都市住宅のモデルとなり、同潤会によるアパート建設が着手されます。さらに、戦後復興の無秩序な都市開発を規制するため都市計画法（1968年）が施行されました。これは、「都市の健全な発展と秩序ある整備を図るための土地利用、都市施設の整備及び市街地開発事業に関する計画」に策定されました。

都市への人口集中により、都市居住は土地の高度利用による高密度化をもたらし、地価上昇が顕在化しました。過密都市の経済的問題を解消するため郊外に住宅地が開発され、住まいの郊外化は職場から距離のあるベッドタウンとなりました。日本の郊外住宅地は、イギリスの田園都市論を参照して、多摩（東京）、高蔵寺（愛知）、千里（大阪）に大規模なニュータウンが造成されました。

　首都圏の人口は 2025 年をピークに減少すると推計されています。人口・世帯数の減少、世帯規模の縮小、高齢化に伴い、近年、空き家・空き地が都心の住宅地に増加しています。空き家とは「居住世帯のない住宅」を指し、次の 4 つがあります。別荘やセカンドハウスとして利用される「二次的住宅」、市場での賃貸契約や売買を待つ「賃貸用の住宅」や「売却用の住宅」、いずれにも該当しない「その他の住宅」です。

　現代には、複数の住宅を所有する「多地域居住」と、特定の住まいを持たない住宅難民の両方が混在し、適切な住宅・住環境の整備が求められています。例えば、非正規雇用や人口・世帯構造の変化を背景として、入居拒否にあう虚弱高齢者やハンディキャップ者、母子世帯のための住まいが十分にはありません。特定層の集中居住によって派生する地域荒廃や社会的差別のないまちづくりが期待されているのです。

住まい・住環境と生きがい

　少子・高齢社会を前提として、多様な居住スタイルを実現するために、住宅と社会の再編が 1980 年代に試みられました。コーポラティブ住宅、コレクティブ住宅という「集まって住む」ライフスタイルが、海外から日本に導入されます。集合住宅や高層マンションでは人間関係が育まれにくく、プライバシーと防犯性を重視するあまり、隣人や地域との関係性が希薄化した結果、コミュニティの醸成が再評価されたからでしょう。地域ボランティアに参加経験のある人は、地域生活と仕事の両立や退職

後の生きがい創出に積極的であるといわれます。老若問わず、シングル
に人気のあるシェアハウジングは、豊かで成熟した社会において、居住
福祉を保障する装置となり得るでしょう。

住環境の創出にむけて

　地球温暖化、人口問題やグローバル社会は、私たちの生活に様々な課
題を迫ります。脱炭素・循環型地域社会の実現には、広範な課題を地域
の共有認識によって解決し、実践する力が必要となります。「まちづくり
リーダー」の育成プログラムは、参加・体験型の交流ワークショップを
通じて先進的まちづくり事例に学び、未来のまちづくりを担う人材育成
を目指しています。埼玉県さいたま市美園地区では、「"公民＋学"連携」
の理念を掲げ、スマートシティのモデル地区として先進技術を取り入れ
た環境負荷低減に取り組んでいます。有志の集まりがＮＰＯ活動に発展
し、まちづくり株式会社や法人化が各地で実践されています。社会参加
は未来への投資であり、より良い住環境は自ら創出できるのです。
　皆さんは、地域とのかかわりを大切にしていますか。

【引用・参考文献】
　E．ハワード、長素連訳『明日の田園都市』鹿島出版会、1968年
　国土交通省「平成25年版首都圏白書」2013年
　総務省「平成30年住宅・土地統計調査」http://www.stat.go.jp/data/jyutaku/2018/（2019
　　　年7月30日確認）
　日本都市計画学会『東日本大震災合同調査報告「都市計画編」』、2015年
　牧野唯「地域公共人材としての子どもたち：滋賀県米原市」今川晃、梅原豊編『地域公共
　　　人材をつくる』法律文化社、2013年
　北村薫子・牧野唯・梶木典子ほか『住まいのデザイン』朝倉書店、2015年

（佐々木唯）

第 12 節

着て社会とつながるとは？

　ブランドが違うのに同じようなものが売り出され流行るのはな
ぜ？って思ったことはありませんか。

　鷲田清一（1998）はファッションを「社会の生きた皮膚」と称し、
「社会の時間と身体の感覚とがせめぎあう場所で、〈わたし〉という
存在が整形されていく」、と述べています。自分らしさを追求して
いるつもりでいても、社会で売っている物を着れば、おのずと流行
にのってしまっているんですよね。

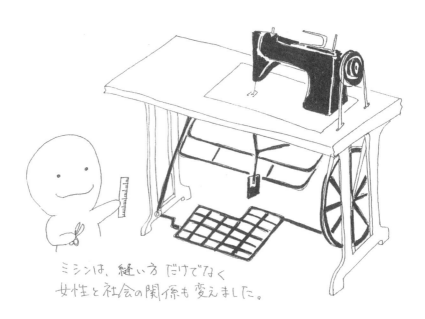

ミシンは、縫い方 だけでなく
女性と社会の関係も 変えました。

流行と自己表現

　現代社会において、人は服を着ないではいられません。心のどこか
で衣服について考えることを見下してはいませんか。人はなぜ服を着る
のかということを身体保護などの機能性とは別の視点から眺めることや、
なぜ流行に巻き込まれるのかを考えることは、実は社会の不安や問題を
映し出すことができます。

　フランス革命以前の階級社会では、貴族階級の服装は権威のしるしで
あり、色や素材、仕立てなど厳密な決まりがありました。やがて、新興
ブルジョワジーは皆、支配階級の華美な服装に対抗して、今でいう背広
を身につけるようになりました。ここでは自由と平等の象徴としての衣
服がみてとれます。この他、ミニスカートやヒッピーファッションも社
会批判から始まったものでした。衣服は社会を映す鏡なのです。

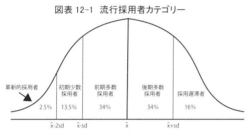

図表 12-1　流行採用者カテゴリー

革新的採用者　2.5%
初期少数採用者　13.5%
前期多数採用者　34%
後期多数採用者　34%
採用遅滞者　16%

x̄-2sd　x̄-sd　x̄　x̄+sd

出典：[ロジャーズ、1990 年、p.356] を基に筆者作成

　図表 12-1 のように、人間の心理として、ごく一部の人が取り入れたものを良いなと思う人が続くと流行になり、あまり流行り過ぎると、それを嫌がり飽きてし
まう人が出て、衰退します。人間の心理とは難しいものです。さらに現
代では、雑誌などの広告に加え、ブログ、インスタグラムなどによって
人気となり流行へと変化して、その周期は短くなっています。

　現在の色の流行には意図してつくられたものと、自然発生的なものがあ
ります。つくられる流行色はインターカラー（国際流行色委員会）の会議
によって決定されます。約 2 年前に検討され、18 〜 12 か月前には糸や服
地の素材となり、その後合繊・紡績メーカーによりファッショントレンドが
発表されます。そして、実シーズンの 6 か月前にはアパレルメーカーやデ

ザイナーズによるコレクションが発表されます。ファストファッションでは、デザインチェンジは２週間程度と短くなっています。格差社会を象徴するように、一方で低価格の衣料を求め、他方で有名ブランドバックなどを購入する消費者がおり、TPO に合わせて使い分けている人もいます。

　また、トランスジェンダーやノンバイナリージェンダーが認知され、男女差にとらわれないジェンダーレスファッションも登場し、自分らしくいられるファッションを選択できるようにもなっています。あなたはどうありたいですか？　流行とどうつきあっていきますか？

衣料の南北問題

　グローバリゼーションが進み、衣料における南北問題を取り扱ったものは、P. リボリ（2007）や E.L. クライン（2014）の本をはじめ、A. モーガン監督ドキュメンタリー映画『ザ・トゥルー・コスト〜ファストファッション　真の代償』（2015）など衝撃的なものがあります。たとえば、2013 年、バングラディッシュの首都ダッカにあるラナ・プラザという建物が崩落して 1,100 人以上が犠牲になった事故の原因が、ファストファッションの生産をしていた建物で、一斉にミシンを踏んだためだったことが明らかにされました。低賃金、長時間労働など劣悪な労働環境の中で衣料品を作らされていたのです。また、生産国の水質汚染や健康被害、児童労働など安い衣料品の背景にあったファッション産業のあり方が問い直される事故でした。私たちが着ている安い服は、人や環境を犠牲にして成り立っていることが多いといえます。

衣生活と環境（死蔵衣料）

　短いサイクルで販売される衣服は多くのゴミとして環境汚染を巻き起

こしています。日本では年間 10 億点の服が捨てられているといわれます。そんな中、注目され始めたのがエシカルファッションで、フェアトレード、オーガニック、再生利用などの 9 つが提案されています。グッチ（リアルファーの使用廃止）、Ｈ＆Ｍ（すべての素材をサスティナブルなものにする）など、欧米では認知度が高く、持続可能にする取り組みは進められていますが、日本での認知度は低いのが現状です。

　繊維製品の再資源化の方法として、中古衣料として使用するリユースと、ケミカルリサイクル（化学繊維を原料に戻すこと）やサーマルリサイクル（廃棄物の焼却の際に発生する熱エネルギーを再利用すること）などがあります。

　古着を回収して、海外の発展途上国に寄付するということもありますが、皮肉なことに発展途上国では多くの衣料がゴミとなる廃棄問題や、現地の衣料産業の衰退問題となっている場合もあります（**A. モーガン、2015**）。このように環境問題は単純ではありません。善意のつもりでも多角的に見なければ別の弊害を生み出すこともあります。

　人はなぜ服を着るのか、この流行は誰のためのものなのかを問い直し、生産者、販売者、消費者、全ての人が幸福になれる状況を創り出すことが持続可能性につながるのではないでしょうか。

【引用・参考文献】
　E. L.クライン、鈴木素子訳『ファストファッション―クローゼットの中の憂鬱』春秋社、2014 年
　A・モーガン、ドキュメンタリー映画『ザ・トゥルー・コスト～ファストファッション　真の代償』ユナイテッド・ピープル、2015 年
　E. M.ロジャーズ、青池愼一・宇野善康訳『イノベーション普及学』産能大学出版部、1990 年
　P.リボリ、雨宮 寛・今井章子訳『あなたのＴシャツはどこから来たのか』東洋経済新報社、2007 年
　鷲田清一『ひとはなぜ服を着るのか』日本放送出版協会、1998 年

（齋藤美重子）

第13節

人とのかかわりの中で 生きるとは？

　　人間の子どもを育てることができるのは人間だけなのでしょうか？　他の動物では育てることができないのでしょうか？

　　オオカミに育てられた（といわれている）少女、アマラとカマラの物語をご存知でしょうか。著名な心理学者であるゲゼルが紹介したことでその存在は世界中に広まることとなりました。鈴木光太郎（2008）は少女たちに関する資料を再検討し、この物語が「神話」であったと断定しました。ここでいう「神話」とは、文化人類学者のドナルド・ブラウン（1954 ～）による、「否定されたり反証が出たりしても、死に絶えることなく何度もよみがえる話」のことです。オオカミと人間との関連性はともかく、人間は環境との相互関係によって発達することは言うまでもありません。「人の子どもは人によって育てられる」ことは間違いないといえるでしょう。

人間の一生の発達とは

　発達心理学では、発達を「受精から死に至るまでの心身の形態・構造・機能に関する量的・質的変化」ととらえます。バルテスら（2006）によると、発達は生涯にわたる過程であり、発達は生涯を通じて常に獲得（成長）と喪失（衰退）が混在し、固体の発達には歴史的文化的条件の影響を受けます。このバルテスの主張は、現在の生涯発達心理学の基本的考え方となっています。また、高橋惠子（2019）は、発達は「遺伝子」、生活している「環境」、そして、発達している「主人公の意思」の3つの要因によっておこる複雑な変化であり、その変化は様々で誰もがすべての領域で同じように発達することはないと主張しています。

　本節では、生涯発達心理学の立場から、人間としての出発点にあたる乳幼児期に焦点をあて、人間の一生の発達や環境とのかかわりについて俯瞰的にとらえたいと思います。人間にとって初期経験の重要性はいうまでもなく、現代社会において乳幼児期の発達は重要な課題として考えられているからです。

　まず乳幼児期の経験を示した発達理論として、ブロンフェンブレンナー（1917 ～ 2005）の生態学的システム理論を紹介しましょう。この図では、子どもは生理的・心理的特徴を持ち、乳幼児期に経験する周囲の環境や性質と相互に関係しながら発達していくことが示されています（**図表 13-1**）。

　生態学的システムは、子どもを中心にマイクロシステム、メゾシステム、エクソシステム、マクロシステム、クロノシステムの5層から成り立っています。マイクロシステムは、家族の構成員（両親やきょうだい）、保育所や幼稚園の先生や友達といった、直接かかわることができる人間関係のことです。メゾシステムは、マイクロシステムにあるすべての関係や結びつきのことで、その人間関係は相互に影響しあっており、夫婦関係は親子関係に影響し、そのことは保育所や幼稚園での友達関係にも影響します。エクソシステムは、子どもが直接かかわることはないが、子

どもの生活に影響を与える家族や保育所、幼稚園の先生や友達の人間関係のことです。マクロシステムは、人種や宗教、社会経済的立場や地理的位置などの、信念や価値に関するより大きな社会文化的影響のことです。クロノシステムは、子どもが生活している時間的経過のことをいい、子どもの生涯を通して起こる、進学や就職、きょうだいの誕生、保護者の離婚といった環境移行や災害、社会の歴史的出来事などが含まれています（永井、2018）

　また、ボウルビィ（1907 ～ 1990）は、子どもが特定の対象に対して抱く情緒的な結びつき（愛着）が安定した情緒の発達を促進し、その喪失は心身の発達や人格形成、精神的健康や対人関係に影響を及ぼすと考えました。このボウルビィの理論は、当初、母子関係に注目していました。しかし、その後の研究によって、愛着の対象は継続的応答的に関わる特定の養育者（保育者等）でもあることが確認されています（数井・遠藤、2005）。

　このように考えると、誕生から死までのプロセスは大きなシステムであるといえるでしょう。人が人として生きるためには、人との関わりが重要であることはいうまでもありません。さらに、人を取り巻く環境の全ては人間の発達に影響を及ぼすと考えることができるのではないでしょうか。

図表 13-1　ブロンフェンブレンナーによる子どもをとりまく生態学的システム

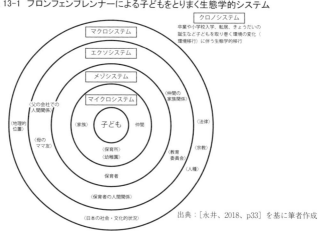

出典：［永井、2018、p33］を基に筆者作成

社会と子ども

　現代の子どもの問題は、社会的文化的に多様な観点からとらえること
ができます。ここでは、子どもの社会的文化的環境として世界的に注目
されている保育・幼児教育をとりあげたいと思います。

　まず、保育・幼児教育には社会からの影響が大きく、その中でも特に
女性の就労問題が背景にあることが報告されています。家族社会学者で
ある落合恵美子（2004）は、日本では 1970 年代に家族の戦後体制の第一
の特徴である主婦化のトレンドが逆転し、女性の主婦離れが始まったと
指摘しました。これまで日本の年代別女性就労率は、20 代後半から 30
代にかけて著しく減少することが特徴とされてきましたが、現代はワー
キングマザーの時代といっても過言ではないでしょう。

　アメリカでは子どもを対象にした縦断研究の事例が数多くあります。
縦断研究とは同じ対象者にある間隔で調査や実験を繰り返し、それぞれ
の時期の測定結果に連続性があるかどうかを追跡する方法です。たと
えばノーベル経済学賞を受賞したヘックマンが注目したことで有名なペ
リー幼児研究では、3、4 歳児の 8 か月間の教育効果が 40 歳になるまで
維持されるかどうかについて、7 歳から 40 歳まで 5 回にわたって測定し
ました。その結果、幼児期の非認知的領域の教育効果は 40 歳まで続くこ
とが明らかにされたのです（**ヘックマン**、2015）。

　ヘックマンの「教育は開始時期が早いほど費用が大きくかからず、成
果が出やすい。その教育は、認知能力だけでなく、非認知能力の育成が
重要だ」という報告は OECD（経済開発協力機構）が示したキーコンピ
テンシーと重なります。OECD 諸国は、「21 世紀に重要なのは教育であ
り、その中でもとくにコストをかけるに値するのは保育・幼児教育である」
という考え方に動き始めたのです。

感情に視点をおいて「生きる」を考える

　現代社会において、子どもを取り巻く社会的環境は世界的な教育環境の変化に伴っていることを述べてきました。社会的文化的枠組みの中で「生きる」子どもたちは、その一方で人としての内在化されたシステムを持っています。そのシステムの一つである感情は、人間にとって欠くことのできないものではないでしょうか。

　「どう生きるか」……人はだれしも「よく生きたい」と願うでしょう。「楽しく」「明るく」「朗らか」、このようなポジティブな感情を持つことだけが「よく生きる」ためのバロメーターなのでしょうか。

　人間はポジティブな感情と同時に「悲しみ」「怒り」「不安」などのネガティブな感情をもつことがわかっています。たとえば、大学生が携帯電話の使用に際して不安をもつ（**佐藤・関根・江村、2019**）ことや、母親の子どもに対するネガティブな感情とポジティブな感情は変動する（**江村、2018**）ことなどをふまえると、生涯発達システムとして感情を理解することが人間の生き方を理解することにつながっているのかもしれません。

【引用・参考文献】

　　Baltes, P. B., Linsenberger, U. M. *"Life-span theory in development psychology"*, Handbook of child psychology 6th edition, Vol. 1, 2006.

　　江村綾野「幼児の生活とそれに伴う母親の心情 – 幼児理解のための家族システム論に基づく検討」川村学園女子大学研究紀要、第29巻、pp.103-115、2018年

　　ジェームズ・J・ヘックマン、古草秀子訳『幼児教育の経済学』東洋経済新聞社、2015年

　　数井みゆき・遠藤利彦『アタッチメント－生涯にわたる絆』ミネルヴァ書房、2005年

　　永井知子「第3章子どもの発達を読み解く」鈴木敏昭・村上涼・松鹿光・加藤孝士編『保育を深めるための心理学』花伝社、2018年

　　落合恵美子『21世紀家族へ』有斐閣、2004年

　　佐藤真弓・関根田欣子・江村綾野「携帯電話の使用と意識との関連—女子大学生の生活に着目して」川村学園女子大学研究紀要、第30巻、pp.59-74、2019年

　　鈴木光太郎『オオカミ少女はいなかった—心理学の神話をめぐる冒険』新曜社、2008年

　　高橋惠子『子育ての知恵—幼児のための心理学』岩波書店、2019年

（江村綾野）

　ここは、とある駅前の小さな公園。毎日たくさんの人が行き交う場所です。早朝は犬の散歩をしている人やジョギングをしている人、外が明るくなってくると、スーツを着た人がベンチでコーヒーを飲みながら新聞を読んでいます。日中は高齢者の仲間たちが集まって話をしたり、乳幼児を連れた家族が遊んだりしています。お昼になると、ベンチで昼食を食べる人や、ひと眠りしている人がいます。夕方になると、学校帰りの子どもたちの元気な声が聞こえてきます。そして夜になると、仕事帰りの人がひと休みしたり、誰かと電話をしたり。飲み会帰りの人たちの陽気な笑い声も聞こえてきます。

　何気ない日常の風景ですが、実はここに登場した何人もの人が、誰かの援助や配慮を必要としています。でも、見た目にはわかりません。たとえば、義足や人工関節を使用している人、内部障害や難病の人、妊娠初期の人など、外見からは援助や配慮を必要としていることが分からない場合があります。そのような人が、周囲に配慮を必要としていることを知らせ、援助を得やすくするためのツールとして「ヘルプマーク」というものがあります。最近は駅の広告などで見かける機会も増えてきました。

　もしも、あなたが街でヘルプマークを付けている人を見かけたら、少しだけ気にかけてあげてください。周りの人のほんの少しの思いやりで、暮らしやすくなる人たちがたくさんいます。

（叶内茜）

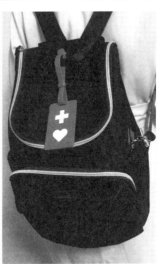

ヘルプマークには、その人が必要とする配慮や援助について記入ができるようになっているものもあります。

第 14 節

情報社会を生きるとは？

　スマホのない生活って考えられますか？

　友だちとおしゃべりしていて、話についていけなかったことはありませんか？

　インターネットの普及はコミュニケーション手段を変容させ、同時に娯楽であるゲームの世界も一変させました。人と一緒にいること・つながることはつらく悲しいこともあるけれど、今後、人の拠り所となるのでしょうか、それとも人は仮想と現実世界が入り混じった世界の中で生きていくことになるのでしょうか。

　「過剰な自由がそれ自身「牢獄」である」大澤真幸

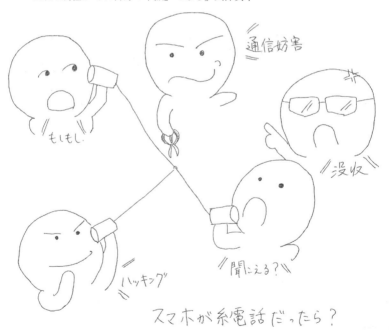

情報社会

　IT（Information Technology）または ICT（Information and Communication Technology）とはコンピュータやデータ通信など情報通信技術のことで、ネットワークの活用を指す場合が多く、さまざまな分野に浸透し情報社会といわれます。情報には私たちの行動を促す力があります。2017 年のセクハラ告発「#Me Too」や、2018 年スウェーデンの高校生グレタ・トゥーンベリが気候変動対策を訴えるストライキをはじめたことが「Friday for Future」となり、ソーシャルメディアを通して、全世界の若者たちに波及したりと、社会を変えるきっかけになっています。情報の発信・収集は瞬時かつ容易になり、世界は身近になりました。また、AI（Artificial Intelligence）技術の進展により大量のデータを処理し必要な情報が手に入り、各段に便利になったといえるでしょう。

　しかし、情報化の進展により、私たちには考えなくてはならない問題があります。1 つめはコミュニケーションツールとしての問題です。2 つめは仮想世界に陥いるゲーム依存の問題です。そして、最も重要な 3 つめは社会の根底にあった中間集団解体の問題です。

コミュニケーションツール

　コミュニケーションは人類誕生のころより、体やリズム、音声によって表現されてきました。その後、言葉、筆記、活字を経て、デジタル化が進んでいます。現在の情報には残存性、複製性、伝播性があり、インターネット上に流出すると、発信者が消去しても拡散してしまうことがあります。便利さとは裏腹にインターネットには匿名性のために間違った、あるいは悪意のある情報が流れたり、個人情報を公の場に流されることも起こり得るのです。

　総務省「2018 年通信利用動向調査の結果」をみると、世帯別の主な情

報通信機器は 2008 年に最も高い割合を占めていた固定電話（90.9%）が 2018 年現在 64.5% に下がり、代わって 2010 年に 9.7% であったスマートフォン保有が、2018 年には 79.2% と、急激な伸びを見せ、現在最も多くの世帯が保有する主な情報通信機器となっています。

　2000 年代以降 SNS が普及し始め（ex. Facebook は 2004 年当初、大学内でのネットワーキングを目的に開設、日本版は 2008 年〜、2006 年に Twitter、日本版は 2008 年〜）、インターネット接続ではパソコンから携帯電話、スマートフォンへと移行する中、メールからショートメッセージ（SMS）、グループチャットへと変化しました。日本では 2011 年より LINE がコミュニケーションツールとして普及しています。**図表 14-1** に示すとおり、SNS の利用目的はコミュニケーションのためであることは確かです。逆説的に言えば、常にコミュニケーションし続けなければならない状況といえます。いじめやストーカー行為になることもあります。誰かとつながりたいという意識をもちながら、そうしたコミュニケーションに悩まなければならない寂寥感漂う不安社会といえるかもしれません。だからこそ、現実とは別に似て非なる仮想世界をインターネットに求めるのでしょうか。ユヴァル・ノア・ハラリ（**2016**）は人が言語技能を得て全く存在しないものについて情報を伝達し、虚構が協力や信頼を生み社会を創り出した歴史を明らか

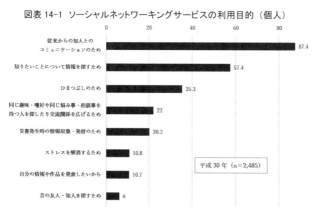

図表 14-1　ソーシャルネットワーキングサービスの利用目的（個人）

にしていますから、現代も虚構が現実を支配することは次のステップを生むのかもしれません。

出典：［総務省「平成 30 年通信通利用動向調査の結果」］を基に筆者作成

ネット依存

　ネット依存問題は急速に拡大し、世界保健機関（WHO）の国際疾病分類（ICD）に 2019 年「ゲーム障害（gaming disorder）」が認定されました（2022 年発効）。医学的な見地からも依存の一疾患として認められたのです。ネット依存には SNS、動画、掲示板もありますが、久里浜医療センター（日本で最初のネット依存専門外来を 11 年開設）では、患者の 90％は主にオンラインゲームで、特にスマートフォンゲームの割合が急速に増加しているといいます（**樋口**、2017）。ゲーム障害は自然に改善することが少なく、親への暴言・暴力、昼夜逆転、引きこもりなどの生活上の問題も起こり、治療を受けることが必要です。しかし、即刻受診しなければなりませんが、現在ゲーム障害の相談窓口はわずかです。

　通常、脳は理性（思考、創造性を担う）に関係する「前頭前野」と本能（欲望や不安、恐怖）に関係する「大脳辺縁系」がバランスをとっていますが、ゲームへの依存が進むと「前頭前野」の働きが低下します。これがゲーム障害の原因です。さらに、オンラインスマホゲームには終わりがなく、「ガチャ」課金システムなどにより、依存リスクが高くなるしくみです。

　岡田（2014）はインターネットやゲーム依存の根底には「安全基地」を持てなかったことをあげています。不安定な親子関係を見直し、家族・友人などとゲームについてのメリット・デメリットを共有することが予防策となるでしょう。そもそも無料オンラインゲームや動画無料サイトはなぜ無料で見られるのでしょうか。その仕組みを考えてみてください。

インターネットを介したサービス利用

　オンラインサービスを介してどこでも利用できる電子商取引が活発になってきました。たとえば、音楽では、スマホでの定額制の聴き放題（サブスクリプション）のスタイルが急速に浸透しています。買いに行く手

間が省け、好きな音楽を自由に聞くことができるメリットがありますが、リスクも伴います。違法性の高いアプリ、著作権や肖像権、商標権の侵害などのトラブルも見られます。情報倫理の問題といっていいでしょう。電子商取引の活発化の背景には、基盤環境を提供するデジタル・プラットフォーム（＝PF）の発展があります。特に、GAFA（グーグル、アップル、フェイスブック、アマゾン）等のPF事業者が巨大化し、インターネット利用状況を収集して別企業に販売するという個人情報流出問題もでています。個人対事業者の情報格差・経済力格差が根底にあります。

　また、フリーマーケット型の売買を仲介するアプリや、シェアリングエコノミー（第9節「消費社会を生きるとは」参照）など、現実とSNSを組み合わせたサービスも現れました。さらに、個人の体験をインターネット上で発信も、疑似体験もできます。しかし、たとえば、スマートフォンには端末の売買契約と通信事業者との通信契約とがあり、トラブルのもととなっています。安い商品・サービス購入のメリットと不良品（気に入らないモノ・サービス）に出会うデメリットがあります。消費支出に占める通信費等の支出は年々増加し、家計を圧迫させてもいます（**消費者庁、2019**）。

　利便性と課題を併せ持つサービスでは、自分が発信する情報の質を高めるとともに、多くの情報を批判的に思考（クリティカル・シンキング＝Critical thinking）しなければならないでしょう。そんな中で、ネット情報の信頼性をネットの利用者が評価する試み（ex. Web of Trust, News Trust, Dispute Finder）も出てきています。ただし、誤った人気投票になる可能性があったり、スパム攻撃にあう可能性もあり、過信は禁物、生涯にわたって情報リテラシーを育んでいかなければなりません。ここでいう情報リテラシーには情報を活用できる能力ばかりでなく、情報を評価し、著作権やプライバシー侵害、不正アクセス等へのモラル育成も含みます。

グローバル社会と情報格差

　情報革新はモノやアイデア、人、サービス、資本を世界規模で流通させる大きな役目を果たしてきました。

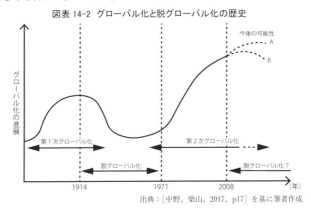

図表 14-2　グローバル化と脱グローバル化の歴史

出典：[中野、柴山、2017、p17] を基に筆者作成

　グローバリゼーションの歴史にも諸説ありますが、柴山（2012）によれば、第1次グローバル化の波があり、その後自由主義に対する反発、保護主義、戦争により終息しました。再び1980年以降第2次グローバル化の波がきたと認識されています（図表 14-2）。歴史は繰り返されるのでしょうか。1990年代より、世界的な組織のグローバル化、経済のグローバル化が推し進められ、現在世界で最も豊かな上位1％が世界で1年間に生み出された富のうち82％を独占し（国際NGO「オックスファム」、2018）、格差拡大を招いています。その根底には、中間集団の解体があり、市民の豊かさよりも企業が自由に活動できることを優先したことにあります。たとえば、2010年末にチュニジアの青年が警官に暴行され抗議の焼身自殺を図った事件に端を発し、SNS革命といわれた「アラブの春」が急速に広がるも、全く継続性を持たずに終息してしまった背景には、日常生活を共にしたところでの痛み—生身の生の営み—ではなく、インターネットという表面的・無機的なつながりであったことが考えられます。グローバル化によって、一方では技術革新、経済活性化や情報共有世界をもた

らし、他方では格差、地域の弱体化、個の露出・不安感、個人情報の一括管理等という両義性を理解しなければなりません。その地域の生活に根差した課題を解決しようと探求する集団（ex. かつてのフランス革命時の市民集団、日本の終身雇用制に基づく労働組合、町内会）が解体していることに問題があるのではないでしょうか。

　また、デジタルデバイド（digital divide）というITを利用できる人とできない人との間で生じる情報格差の問題が起こっています。情報を受けられないために、仕事の機会を喪失したり待遇の差を招いたり、商品・サービス購入に不利であったり、個人間格差、地域間格差、ひいてはITが当然とされる世の中で、国家間の格差を生むといっても過言ではないでしょう。日々の営みの中で対話を通して、市場の効率性や情報を批判的に検討できる目を培っていきたいものです。虚構が現実を支配するこれからをどう生きていきますか。

【引用・参考文献】

大澤真幸『自由という牢獄―責任・公共性・資本主義』岩波書店、2018年
岡田尊司『インターネット・ゲーム依存症―ネトゲからスマホまで』文藝春秋、2014年
柴山桂太『静かなる大恐慌』集英社、2012年
マンフレッド・B・スティーガー、櫻井公人・桜井純理・高嶋正晴訳『新版グローバリゼーション』岩波書店、2010年
消費者庁「令和元年版消費者白書」 https://www.caa.go.jp/policies/policy/consumer_research/white_paper/pdf/2019_whitepaper_summary.pdf（2019年9月27日確認）
総務省「平成30年通信利用動向調査の結果　http://www.soumu.go.jp/johotsusintokei/statistics/data/190531_1.pdf（2019年9月27日確認）
田原牧『ジャスミンの残り香―「アラブの春」が変えたもの』集英社、2014年
中野剛志・柴山桂太『グローバリズム　その先の悲劇に備えよ』集英社、2017年
ユヴァル・ノア・ハラリ、柴田裕之訳『サピエンス全史―文明の構造と人類の幸福（上）（下）』河出書房新社、2016年
樋口進『スマホゲーム依存症』内外出版社、2017年

（齋藤美重子）

　15 年ほどガーナと日本の高校生の国際交流に参加しています。15 年前のガーナでは、IMF の融資を受けるための財政改革が行われ、まだ援助を受けるのが当然という雰囲気がありましたが、今は、国際融資への依存だけでなく、自らの力で国をつくろうとする方向に変化してきています。私たちも認識を新たにして国際関係を築く時代にきているのでしょう。

　さて、ガーナと日本ではその味覚の違いは大きいです。ガーナの高校生におにぎりを勧めると、No Thank you. が返ってきます。一方で、ガーナ大使館で振舞われるものには、日本人の高校生が四苦八苦します。米料理はまだマシですが、イモ・トウモロコシ系の「蒸し団子」は悲惨です。先日、キャッサバとトウモロコシの粉を発酵させ、お湯で練ったものをいただきました。日本人は主食に「甘味」を期待して口にするらしく、想像を超えた酸味に一同がざわつきました。「酸っぱいよ」と事前情報を入れたつもりでしたが、脳内の「期待味」はそうそう変えられるものではないらしいのです。涙目になっている姿に思わず笑ってしまいましたが、育った文化でこんなにも感覚が違うのかと思うとともに、いただいたからには食べねば、という彼らの姿勢に拍手を送りたいと思いました。

フフ
プランテーン（食用バナナ）と、ふかしたイモを臼と杵でつきます。

フフ以外にも
ケンケ、バンクーなど
バリエーションが
あります。

（村本ひろみ）

共生社会を生きるとは？

　他人に頼ることはいけないことだと思っていませんか？

　「お互いさま」といわれるように、困った時に他人（制度）に頼ることは自立した人間として大事な行動です。デューイ（1859 〜 1952）やヴィゴツキー（1896 〜 1934）は人間同士の相互作用の中で発達を捉えていましたし、リップマン（1889 〜 1974）は哲学的対話を通して、批判的思考、創造的思考、ケア的思考が育成されるとしています。

　ただ、人と一緒にいると、つらいこともありますよね。

自立と共生

　「共生」といわれても、中には「一人で生きていく」とか「単一民族の
なかで暮らしていくことがいい」という人もいるでしょう。しかし、情
報技術が進み、世界中の出来事やモノ・サービスが行き交うグローバル
な世界で生きている現在、全く世界と関わらないで生きていくことはで
きません。リン・マーギュリス（2000）はそもそも生命の進化、性の起源
には細菌細胞の「共生」という過程があったとする説を説き、現在、社
会科学分野へ展開し、個人間、企業間、企業と消費者、人と社会、多国間、
人と自然、多文化との共生などソーシャル・インクルージョン（社会的包
摂）へと拡大しています。バンク・ミケルセン（1919 ～ 1990）は障がい
のあるなしにかかわらず、一般の市民と同等の生活と権利が保障されな
ければならないというノーマライゼーションの理念を確立し、1959 年に
はデンマークの法律となりました（**野村**、**2004**）。岡本智周（2016）は「社
会の中の多様性の尊重」と「社会の凝集性の重視」を両立させようとす
る際に認識の枠組みを更新させ続けることが社会的共生のプロセスであ
るとし、共生はこのような継続的行為として進行するものとしています。
現在移民排斥も起こっていますが、「社会から追い出される」社会的排除
ではなく、「つながり」「居場所」「役割」があるソーシャル・インクルージョ
ン（社会的包摂）（**阿部**、**2011**）が要です。ソーシャル・インクルージョン
は、物質的・金銭的・精神的な面でお互いの違いがあることを理由に排
除するのではなく、違いを認めて多様性をありのままに受けとめること
でもあります。今までと異なる世界が見えてくるかもしれません。しかし、
プライバシーのないムラ社会がイヤで都会に出てきた人もいます。人と
一緒にいることは楽しいことばかりでなく、時に抑圧されたり対立する
こともあります。そんな昔のムラ社会ではなく、様々な目的に合わせて、
生活の痛みを共有できる緩やかにつながるネットワークがあれば生活の
質（Quality Of Life ＝ QOL）が高まるということではないでしょうか。

共生するためには、そのおおもとに自立した人間同士がいなければ、依存に陥り、虐待やDVに向かってしまうことは容易に想像できるでしょう。一般的には、生活的自立、精神的自立、社会的・経済的自立、性的自立などを複合させて「自立した人」と呼んでいます。ただし、自立概念はその時代時代の社会・経済状態により変遷しています。家庭科においては第二次大戦直後の自立には社会を担う個人という社会的自立と生活的自立が扱われ、高度経済成長期では各家庭の責任において「他に依存しない自立」が求められ、バブル崩壊以降、男女共同参画社会が目指され「相互応答性を創り出す自立」へと変容していきました（齋藤、2019）。今や自立は孤立でも依存でもなく、共感し合い、公正な関係性が築けることであり、生活的、経済的、身体的、精神的、性的な自立とともに、困った時に社会保障制度や行政サービスなど誰かにアクセスでき、加えて自分のできる範囲で困った人を助けることができる社会的自立も含みます。すなわち自立と共生には、自分らしく生きるための自己アイデンティティの確立が根底にあると言えるでしょう。長谷川眞理子（2016）は「認知的共感」がヒトの繁栄をもたらしたものだと語っているように、「相互応答性を創り出す自立」とは共感的相互理解と言い換えてもいいかもしれません。

　また、望月一枝（2019）は、ガート・ビースタ（1957〜）を引用し、教育の目的は「資格化」と「社会化」だけではなく、「主体化」が重要であると主張し、ハンナ・アレント（1906〜1975）を引いて、「主体」は言葉と行いだけでなく、他者との関係性の中にこそ「主体」が現れると述べています。誰かから自分に呼びかけられたと感じて主体的になって応答し行動するということです。逆説的ですが、主体的に行動するために他者との関係性が必要で、自立は他に依存はしないが、共感的応答性が求められるといえます。

　そして、人は一生のうちに赤ちゃん、子ども、若者、大人、お年寄りなど様々な呼び方をされ、そのステージを全て体験する人がほとんどで

す。ですから、共生を考えることは自分ではない他者を考えるとともに、自分の一生を見つめることでもあるのです。

ダイバーシティ（Diversity and Inclusion）

　ダイバーシティは多様性と訳されますが、生物多様性、性の多様性、文化の多様性、はては複合商業施設名にも使われています。ここでは、人間社会に焦点を絞ってみていきましょう。

　セクソロジー研究の村瀬幸浩は「無理解ほど淋しいことはない、特に性について。わかり合おうとしなければ、自然にはわかり合えない。性は生きるそのもの」であると語っています。グリーンとモーラ監修によるジェンダー用語集（2015）には、レズビアン（女性同性愛者）、ゲイ（男性同性愛者）、バイセクシュアル（両性愛者）、トランスジェンダー（性的指向ではなく、生物学的な性と性自認が一致しない者）、クィアやクエスチョニング（模索中）、アジェンダ―（無性）など多様な性自認や性別表現があります。日本では人口の 3 〜 8% が LGBT といわれています。あなたには見えていないだけかもしれません。あるいは、心に秘めている自分の性別を言えない状況にある人が多いのかもしれません。

　性自認・性的指向による違いのほか、年齢、国籍、宗教、障がいの有無などもあります。経済産業省では「ダイバーシティ 2.0」行動ガイドライン（2017 年・2018 年改訂）を策定し、女性をはじめ多様な人材を経営に生かすよう勧めています。しかし、現在、役員に占める女性比率は 3.7%、外国人就業率 2.02%（法務省、2017）です。一方、芹澤健介（2018）は日本が世界第 5 位の外国人労働者流入大国であり、コンビニ等で働く留学生が多いことを明らかにしています。多様な人材の活躍は様々な角度から物事を見ることができ、新たなアイディアが生まれることもあります。多様性を認め、基本的人権を尊重しながら、それぞれが自分の持っている能力を生かし、ともに生活しやすい社会にしなければ、移民排斥運動

が日本でも起こる可能性は否定できません。今後多様性に対して、どのように対策を立て行動していくのか—多様性が異文化を融合することなのか、それとも、ローカルな文化を磨きながら多文化を尊重していくことなのか—対話を重ねていくことが重要でしょう。また、目の悪い人に眼鏡があるように、各人がやりたいことを一人でできるよう援助するユニバーサルデザインや、知覚されるアフォーダンス（シグニファイア＝説明なしでも使えるデザイン）の普及も望まれます。

国連における持続可能な開発目標 (Sustainable Development Goals)

出典：国際連合広報センター

　共生するためには人との関係性のみならず、自然や社会・経済との関係性についても考えなければなりません。SDGs は現代経済システムの中での経済成長を求めながら貧困削減を行おうという矛盾は残しますが、「誰も取り残さない」社会を目指すという基本理念は評価されます。環境との調和を図り、多様な人々と共に生活を営むことは太古の昔からの人間の営みです。SDGs の 17 の目標を確認しましょう。これは発展途上国だけでなく、先進国も含めてすべての国の目標です。 そして、これらの目標は私たちの生活と密接に結びついています。

少子超高齢社会にむけて

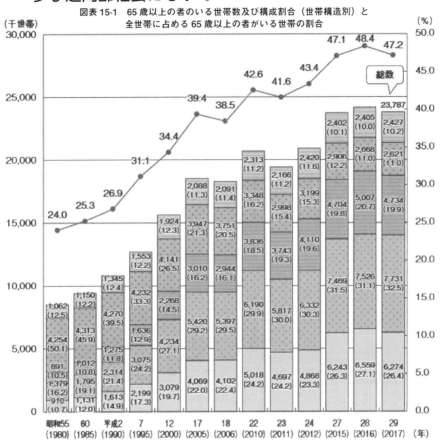

図表 15-1　65 歳以上の者のいる世帯数及び構成割合（世帯構造別）と
全世帯に占める 65 歳以上の者がいる世帯の割合

凡例：
- 単独世帯
- 夫婦のみの世帯
- 親と未婚の子のみの世帯
- 三世代世帯
- その他の世帯
- 全世帯に占める65歳以上の者がいる世帯の割合（右目盛り）

資料：昭和 60 年以前の数値は厚生省「厚生行政基礎調査」、昭和 61 年以降の数値は厚生労働省「国民生活基礎調査」による

（注1）平成 7 年の数値は兵庫県を除いたもの、平成 23 年の数値は岩手県、宮城県及び福島県を除いたもの、平成 24 年の数値は福島県を除いたもの。平成 28 年の数値は熊本県を除いたものである。

（注2）（）内の数字は、65 歳以上の者のいる世帯総数に占める割合（％）

（注3）四捨五入のため合計は必ずしも一致しない。

出典：［内閣府「令和元年版高齢社会白書」］を基に筆者作成

国立社会保障・人口問題研究所の「平成29年日本の将来推計人口」によれば、老年人口割合は2015年26.6％だったものが、2036年には33.3％（出生中位推計）へ増加すると予想され、日本は世界に類をみないスピードで高齢化が進行しています。

　急速な高齢化の背景として、医療技術の進歩や日本型食生活、家電製品による家事の軽減などの生活環境の改善があります。反面、認知症、寝たきりなどの介護問題、年金破綻、孤独死など、マスメディアをとおして負の側面もクローズアップされています。子どもたちが明るい未来を想像できなければ、高齢者を敬い尊厳を守ることはできないでしょう。未来は明るいと思える社会には何が必要でしょうか。

　単独世帯は現在増え続けています。誰にも気兼ねしなくてよい一人暮らしを好む人が増えている理由もありますが、人生の最後まで誰の力も借りず一人で生きていくのは不可能です。自助努力だけでは生き抜くことができません。

　これからの時代は、高齢者自身が“人に頼って生きていくこと”を是と考えなくてはいけません。今はよくても将来のために、制度、サービス、周囲の施設などに自分でアクセスできる力を持たなければならない

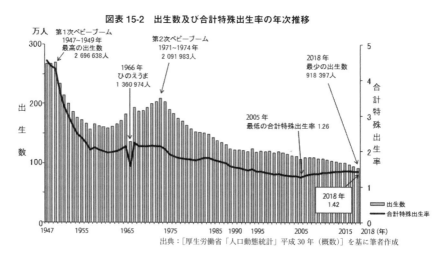

図表 15-2　出生数及び合計特殊出生率の年次推移

出典：［厚生労働省「人口動態統計」平成30年（概数）］を基に筆者作成

でしょう。さらに、国は、社会的孤立、貧困、孤独死、介護に対し、見守りなどの公助・共助の機能を強化する必要があります。すなわち、介護保険・医療保険・公的年金など社会保険の機能強化や、地域の緩やかなネットワーク、自分なりにできることを行うための補助（ex. 前述のユニバーサルデザイン、シグニファイア）、就労支援、生活支援・健康維持相談などを包括的に行う地域包括ケアシステムの提供、セーフティネットの強化です。高齢者に限らず、病気や障がいを持っていても自分らしく生活できるよう、地方自治体、地域、保健所、医療機関、学校等の横断的連携のみならず、各人の成長過程・一生を見守る縦断的サポートシステムも求められます。

　一方で、少子化も現代日本社会の特徴といえます。人口に占める若年者の減少は相対的な高齢者の増加につながり、将来子どもを産む女性の数の減少も表しています。少子化の要因としては晩婚化・非婚化、非正規雇用の増加や経済状況の悪化に伴う不安感、結婚観・価値観の多様化、女性の高学歴化などが周知されています。また、子育てにお金がかかること、出産しても働き続けられない職場環境（首都圏の保育園不足を含む）、育児休業をとりにくい雰囲気も、女性が子どもを生むことをためらう要因でしょう。男性も同様に結婚による自由度の減少や育休を取りにくい環境とともに、男性に顕著にみられる特徴として、長時間労働による時間的なゆとりのなさ、非正規雇用による不安定収入などがあります。また、北欧やフランスなどに比べ婚外子への偏見が強いこと、社会制度の未整備、若者の孤立化も少子化に影響しています。

　フィンランドが男女平等政策をとった結果として出生率が上がったように、経済的側面とともに多様な価値観の受容や、Well-being、生活の質（QOL）にも着目していくべきでしょう。ケアしながらケアされる（癒される）ことがあるにもかかわらず、子どもがいることは幸せと思えない、逆に拘束され、不自由になると思える状況では少子化は解消されません。また、子どもが欲しいのに産めないという状況は変えなければならない

でしょう。と言っても必ずしも少子化が悪いことばかりではありません
が……。

　子どもも、若者も、大人も、高齢者も、多様な人がいるからこそ活気
ある社会となります。もう一度、ケアの倫理から社会を問い直し、多様
な人との共生について考えてみましょう。

【引用・参考文献】
　　阿部彩『弱者の居場所がない社会―貧困・格差と社会的包摂―』講談社、2011年
　　岡本智周「共生の論理の社会学的探究」岡本智周・丹治恭子編著『共生の社会学』太郎次郎
　　　　エディタス、2016年
　　経済産業省「ダイバーシティ2.0一歩先の競争戦略へ」
　　https://www.meti.go.jp/policy/economy/jinzai/diversity/diversitykyousousenryaku.pdf
　　　　（2019年9月27日確認）
　　国際連合広報センター　SDGs「2030アジェンダ」
　　https://www.unic.or.jp/activities/economic_social_development/sustainable_
　　　　development/2030agenda/（2019年9月27日確認）
　　齋藤美重子「家庭科教育の課題と可能性―学習指導要領および自立概念の変遷をもとに」
　　　　麻布中学校・高等学校紀要、第7号、pp.23-26、2019年
　　芹澤健介『コンビニ外国人』新潮社、2018年
　　野村武夫『ノーマライゼーションが生まれた国・デンマーク』ミネルヴァ書房、2004年
　　長谷川眞理子「進化心理学から見たヒトの社会性（共感）」認知神経科学、Vol.18、No.3・4、
　　　　pp.108-114、2016年
　　L.マーギュリス、中村桂子訳『共生生命体の30億年』草思社、2000年
　　村瀬幸浩『恋人とつくる明日』十月舎、2006年
　　望月一枝「第2章扉：アクティブな市民を育む教育を実践記録から探る」白石陽一・望月一
　　　　枝編『18歳を市民にする高校教育実践―実践記録を「読む」意味』大学図書出版、
　　　　2019年
　　GREEN, E. R. and MAULRER L., THE TEACHING TRANSGENDER TOOLKIT: A
　　　　FACILITATOR'S GUIDE TO INCREASING KNOWLEDGE, DECREASING
　　　　PREJUDICE & BUILDING SKILLS. http://www.teachingtransgender.org/wp-
　　　　content/uploads/2016/12/TTT-Glossary-of-Terms.pdf（2019年9月25日確認）

（齋藤美重子）

column ⑤　ケアラーって言葉聞いたことある？

　ケア（介護や看護、世話）を必要とする人をサポートする家族または友人など、無償でケアをする人（carer）を、ケアラーと呼んでいます。介護される側に注目されがちですが、介護しているケアラーも、体力的にも精神的にも時間的にも追いつめられ、孤立している場合が多いのです。老老介護はイメージしやすいかもしれませんが、親が鬱で学校から急いで帰って、家事一切をやらなければならない子どももそうです。外国人で日本語のわからない親のため、日本語の通訳をしなければならないならば、ケアラーといえるでしょう。子育て中の人も、引きこもりの人に寄り添ってあげる人もケアラーです。足を骨折した兄のかばんを持って学校に行く弟もある時期にはケアラーです。人間は誰しも、一度や二度はケアラーになっているのではないでしょうか？

　その時に、悩みを相談したり、ストレスを発散する場があれば、どんなに気が楽になるでしょう。そんな場を提供しているのが、ケアラーズカフェです。ケアラーズカフェ元祖のNPO法人アラジンでは、現在カフェやサロンなどの介護者サポートネットワーク支援のほか、介護離職した方のための就労支援もしています。わたしたち川村学園女子大学生活創造学部生活文化学科では、ケアラーズサロンをオープンさせました。老若男女地域のみんなが気軽に集える場・語り合いの場にして、どんどんいろいろな場所に広がることを期待しています。人間は太古の昔から対話し共生して永らえ、文化を創り、生活の質を上げていこうと努力してきた歴史があります。

　まずは、ケアラーという言葉がみんなに認知されますように！！

（齋藤美重子）

column ⑥　ハイカラさんのカレー？

　あなたはカレーが好きですか？　1870年頃に、洋食としてイギリスから入り、1876年札幌農学校でのクラーク博士によるライスカレーの勧めで給食への利用が始まりました。1982年、小中学校の給食の全国統一メニューはカレーライスでした。日本中の小中学生が全員カレーの給食を食べていたなんて凄いですね。

　大正デモクラシーの頃、武者小路実篤、柳宗悦、志賀直哉などの白樺派の文人達が手賀沼沿いに住居を構え創作活動をしていました。柳宗悦の妻の兼子は、当時ハイカラな食文化の「カレー」を作っていたところ、陶芸家のバーナード・リーチが「これに味噌を入れたらうまいだろう」というので、粒味噌入りのカレーが出来上がったそうです。

　月日は流れ、千葉県我孫子市のまちおこしとして当時のカレーを再現した「白樺派のカレー」が完成し、栄養士の卵の女子大生が商品開発したトマト・ジャムを隠し味に入れた新たなversionも誕生しました。

　我孫子の環境と芸術文化と大正期の食文化が融合し生まれた、他の地域では真似の出来ないご当地カレー、それが「白樺派のカレー」です。

「白樺派のカレー」あれこれ

【参考文献】
髙橋裕子「学校給食の変遷から見たカレーが学校給食に果たした役割と将来性」川村学園女子大学　子ども学研究年報　第2巻、第1号、pp.27-35、2017年

（髙橋裕子）

第4章

心を
豊かに生きる

おいしく食するとは？

　突然ですが、フルーツ味のキャンディーを 1 つ準備してください。オレンジ味でもぶどう味でもよいでしょう。そして片手で鼻をつまみ、口だけで呼吸をしながら 1 分間そのキャンディーを食べてみてください。おそらく、よく味わってみてもほんのりと甘味を感じるだけでしょう。次に、鼻をつまんでいた手を放し、大きく鼻で呼吸をしてください。すると、初めてそのフルーツの味を感じることができるでしょう。これまでオレンジ味と思って食べていたキャンディーには、実はオレンジの "味" は無く、香りによって風味が完成していたことに気がつきます。すなわち「おいしい」とは、味だけで決められるものではないのです。おいしいとは、おいしく食するとはどういうことなのでしょうか。

発酵食品が おいしい って
それだけ 戦争 がなかった
証なんだよ。

食べ物のおいしさ

　食べ物がおいしいとはどういうことでしょうか。誰もが認める一流シェフの作ったカレーライスはおいしいはずですが、家で食べる母親の作ったカレーライスの方がおいしいと感じるという話はよく耳にするものです。また、部活の試合で勝った後に飲むジュースと、寒い冬に飲むジュースとでは、おいしさは全く違ったものになります。

図表 16-1　食べ物のおいしさにかかわる要素

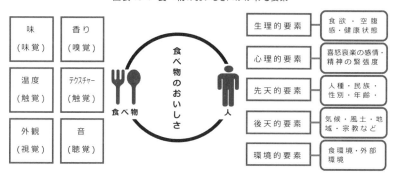

出典：［川端、2002、p22］を基に筆者作成

　図表 16-1 のように、食べ物のおいしさには食べ物の持つ特性だけではなく、食べる人の状態も大きく影響しています。健康状態や空腹の程度、心理状態、性別や年齢、体質などの個人差、国や宗教、文化、生活様式などによる異なる食習慣や食経験、そして天候や季節の差、室内の装飾や照明に至るまで、食べ物のおいしさに対する感じ方に影響をあたえています。したがって、私たちがおいしいと感じながら食事をしている時、私たちの心と身体は良好な状態にあるといえます。言い換えると、自分らしく食事をすることができていれば、おいしく食しているのだといえるでしょう。

食べて落ち着き、満たされる

　私たちは空腹感や渇感を満たすために食事を摂りますが、これは本能的に生命を維持するための栄養素の摂取であるといえます。しかし、食事には空腹感を満たすだけではなく、私たちの生活に彩りを与え、心を豊かにする役割もあります。美味しそうに盛り付けられた料理は、食べる人に満足感を与えます。また、家族や友人と共に会話をしながらの食事は心を満たしてくれますし、初対面の人との食事はコミュニケーションを円滑に進めてくれる役割もあるでしょう。

　食べ物に溢れている現代において、食べることは太ることだと思い込み、食べることに罪悪感を感じている人をしばしば見かけます。このような人は、すぐにイライラしたり、気分が落ち込んだりしやすいものです。腸では幸せホルモンと呼ばれるセロトニンが作られています。したがって腸内環境が整っていないと、心の状態も乱れていきます。腸内環境を整えるには、食物繊維を積極的に摂取することが大切です。岸村康代（2012）は、焼き肉やケーキなど好きなものを食べながらも食物繊維の多い野菜を食べることでリセットする食生活を身につけることを勧めています。好きな物を食べすぎたり、逆に食べる量が少なすぎたりする状態では、腸内環境が乱れ、心も落ち着くことができなくなります。食べて落ち着き満たされるには、腸内環境を整えたり、あるいは食事の盛り付けを変えたり、気の置けない人たちと一緒に食べるなど、食環境を整え、工夫することが重要であるといえるでしょう。

✿コンビニで買った
商品と盛り付け✿
あなたは
どちらを
食べたいですか？

心が豊かになる食事とは

愛する人に作ってもらった料理や、淹れてもらったお茶は、口にしただけで心豊かに幸せな気分になるものです。上田淳子（2018）は、家族の思いをすくい上げながら作られる料理は、それだけであなたや家族にとって、かけがえのないものであるはずだと言っています。また、上神田梅雄（2018）は、食卓に笑顔の花を咲かせ続けてきてくれた「おふくろの味」は今や失われようとしていますが、おふくろの味は、遠く故郷を離れても、頑張って生きてゆくエネルギーの源となっていたと言います。気持ちのこもった食事は、作った人も食べた人にも栄養素とはまた違う、心を満たす栄養を与えることができるといえるでしょう。

また、日本では食事の前に「いただきます」と言いますが、このいただきますには2つの意味があることを知っていますか。1つめは、植物、動物の命をいただきますという意味です。そして2つめは、その食事を作ってくれた人、その食材を育てた人、食材が私たちの手に届くまでに携わった人々の、一生のうちの貴重な時間をいただきますという意味があるといいます。

誰かのために食事を作ることもそうですし、誰かの想いのこもった食事をいただくこと、食材やそれにかかわった人々、そして食事を作ってくれた人に感謝の気持ちを感じながらおいしく食することは、心を豊かにし、心身ともに健康へと導いてくれることでしょう。あらためて、今日は心を込めて「いただきます」をしてみませんか。

【引用・参考文献】
上田淳子『子どもはレシピ10個で育つ。』光文社、2018年
上神田梅雄『人生で大切なことは、すべて厨房で学んだ』現代書林、2018年
川端晶子・畑明美『調理学』（Nブックス）建帛社、2002年
岸村康代『岸村式 食べちゃダメなものはない！ダイエット』メディアファクトリー、2012年
（築舘香澄）

第17節

心地よく住まうとは？

　house と home の違いは何？　と聞かれたらあなたはどう答えますか？　house が空間を区切っている物理的な単位とすると、一方 home とは、house に人間が住み、その中で行われる生活行動や人間関係、生活意識など文化的、社会的、心理的要因を含んだ複合的なものと考えられます。中島義明（1996）は、「われわれ人間が住まう営みにとって重要なことは、house をいかに home にするかということである」と述べています。安心できて居心地のよい home すなわち"家庭"になるように住まいを考えていくことが重要でしょう。

　at home という英語には、気楽に、くつろいでという意味もありますが、みなさんにとって家はほっとする、落ち着く場所になっていますか？

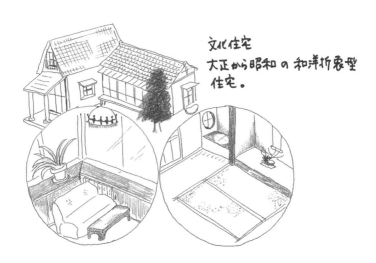

文化住宅
大正から昭和の和洋折衷型
住宅。

"住む" ことは人間の本質

ドイツの教育哲学者ボルノー（1903 ～ 1991）は「人間の本質は"住む"ということである」と言いました。人間は、ただそこに"いる"存在なのではなく、"住む"存在であるということです。衣食よりは、人間と少し距離を置いた存在でありながらも、住は人間の根幹の部分を規定するものであるともいえるでしょう。

関口富左（1977）は、このボルノーの考えをもとに、人間は守られるべき弱い存在であるとする人間守護論を展開しました。"住む"という人間存在の規定、そして人間を守り、人間に安心の空間や時間を与える家の被護性（Geborgenheit）を説くものでした。

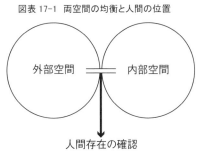

図表 17-1　両空間の均衡と人間の位置

人間存在の確認

出典：[関口、1977、p96] を基に筆者作成

関口は「うち」と「そと」の概念を**図表 17-1** のように考えました。守護の空間＝内部空間（休息と平和：帰る空間）における安らぎと心身の開放的なありかた、不守護の空間＝外部空間（労働と仕事：行動する空間）における緊張と防衛的状況の不安定なありかた、という相反する 2 つの状況が存在し、この 2 つの空間の均衡が正しく保たれていることに人間生活の健全さがあり、そこに人間存在の確認ができると考えました。

この 2 つの空間の均衡とはどういう意味でしょうか。かつて「24 時間戦えますか、ビジネスマン」と唄った CM のように会社で働きづめだと「うち」の空間が小さくなるでしょう。逆に 100％が「うち」の空間になった状況の例として"引きこもり"を挙げることができます。彼らにとって家は心地よい空間でもあるでしょうが、外に出られない葛藤を抱え不安で苦しい不守護な空間にもなっているはずです。

このように、「うち」の空間を自分の心安らぐ住まいとして、職場や学

校など「そと」の空間との行き来をすること（生活）において自らのあり方、生き方を確認していくことこそ重要なのだといえるでしょう。

住まいの精神的機能

　住まいにはまず家という強固な壁に守られているという物理的安心感があります。そして何より家という場にいること自体がその人の安心を生み出すものでもあります。仕事や学校などの外部空間とは隔たれ、そこに帰ることができる住まいという内部空間があることで我々は心のよりどころを得、自己の存在を確認することができるのです。住まいとは、単に立派な外見の、自然の脅威に耐える構造的堅固さをもつ住居では事足りず、そこに住む人間が安心し、くつろぎ、ほっとでき、心身ともに明日を生きるエネルギーを補給できる空間や時間が保障されなくてはならない場所であることがわかります。

　また、花や絵画、置物を置いたり、クリスマスの飾りつけをして楽しんだり、庭の草木の手入れや部屋の模様替え、片づけや掃除をして気分転換を図ったりして、そこに住む人間は精神の安定を図り満足感を得ています。反対に、不安や寂しさが募ると整理整頓や清掃ができずにゴミがたまってしまったりします。住まいは心を映し出す鏡でもあるのです。

日本の住居観

　豪華で芸術性の高い家具や調度品を置いたり、外を歩く人の目を楽しませようと窓辺に花を飾ったりと、西欧の人々は住まいの精神性を重視しているように感じられます。一方、日本では多少汚くても窮屈でもくつろげる小さな空間が確保できさえすればいい、あるいは綺麗にし過ぎると逆に落ち着かないといったように、衣食と比較して住生活に対する欲求度はまだ低いように感じられます。日本では国土が狭い割に人口が

密集していることから空間的な制限を多く抱えたことが、住まいを「ウサギ小屋」だと揶揄されたり、「雨露を凌ぐに足る」「起きて半畳、寝て一畳、しょせんこの世の仮住まい」のような言葉に表されるように、住よりもまずは衣食に重きを置く日本人の生活観を生んだ要因でもあるでしょう。

　しかし日本家屋には心地よい暮らしのための様々な工夫があったのも確かです。最近はあまり見なくなりましたが、「縁側」に腰かけて道行く人を眺めたり、一緒に座って話をしたり、お茶を飲んだり、そこは「うち」と「そと」の境界、外の人と家の人をつなぐ場所でもあったのです。和室の畳のイグサや柱のヒノキの香り、風が庭の樹木の葉を揺らす音、鳥のさえずりやししおどし、風鈴の音も私たちの心をおだやかに心地よくさせてくれるものです。四季折々の美しい自然の風景とともに住まいを五感で楽しもうとする日本人の姿もあったのです。

　今日の高齢化、情報化など社会の変化を受けて生活形態や家族機能が変化し、住まいの持つ役割も変化することが予想されます。住まいは生活の容器であり、住まいは中身の生活を反映する器であるはずが、生活（中身）の変化に合わせて住まい（器）を変えようとしても、服のように簡単に脱ぎ着し取り換えられるものではありません。しかしまるで人間が様々な服を着て自己主張するのと同じように、住まいが人間の数だけの多様な主張をする日もそう遠くないかもしれないのです。

【引用・参考文献】
　佐藤真弓『生活と家族―家政学からの学び』一藝社、2016年
　関口富左『家政哲学』家政教育社、1977年
　関口富左『人間守護の家政学』家政教育社、1999年
　中島義明「住の人間行動学」中島義明・大野隆造『すまう―住行動の心理学』朝倉書店、
　　1996年

（佐藤真弓）

第18節

心豊かに着るとは？

　着こなすとは、「着熟す」と書きますがどんな意味なのでしょうか。着るを熟すとは、ちょっとやそっとじゃできない気がします。単に服を上手に着るだけでは着こなすとはいえないんですね。

　服を着るということは、暑さ寒さから身を守る、周囲とのコミュニケーションを促進するなどの他にも、自分の気持ちを高揚させたり、落ち着かせたり、美しさ、楽しさ、独創性を表現したりと、着ることで心を豊かにする作用もあります。

服の性差は なぜ生まれたのでしょう？

※心を豊かにする数々の服や、布を使った小物（髙橋裕子作）をご覧ください。
P.5、QR コードの web ページ内「作品集」に掲載しています。

おしゃれとは

　おしゃれ【御洒落】とは、一般に髪形や化粧など身なりに気を使うこととされますが、【洒落】とは気の利いたさま、粋なことです。おしゃれといえば、身なりを素敵にするなど自己表現でもあり、生き方がカッコいいなどその人の内面から醸し出されるものでもあります。

　おしゃれや美しさの表現のために装飾することがあります。装飾は、何も服に限ったことではありません。ピアスや入れ墨などの身体装飾や纏足など人体の一部を改造する身体変工があります。入れ墨は刺痕文身ともいい、瘢痕文身や皮膚彩色とともにアフリカなどの先住民族の間では装飾と共に呪術的意味も持っています。また、身体変工として、ミャンマーのパダウン族の女性たちは、真鍮の輪を首に何重にもはめて首を長くし、エチオピアのムルシ族では、下唇に素焼きなどの円盤を入れて、唇を広げる風習を持っています。纏足の足は小さいほど美しく、首は長い方が美しく、下唇も広い方が美しいとされ、身体変工は美しさの表現とされています。国や文化によって、おしゃれや装飾による「美」の尺度にも大きな差がありますね。

　心理学者のメラビアン（1939 ～）によれば、コミュニケーションでは服が自分の第一印象としての外見を伝えるツールとなり得るのだそうです（竹内、2005）。服は自分らしさを表現し、情報を伝えるものとしても活用されます。

コスプレというおしゃれ

　コスプレといえば最近では、ハロウィンが有名です。心理カウンセラーの藤田大介（1980 ～）によると、コスプレには２つの効果があるそうです。１つめは、今いる場所を非日常に変えることで、開放感を味わうことができ、ストレス解消・発散になること。２つめは、人間の心には、大人

の自分と子どもの自分がいて、子どもの自分が望む憧れのキャラクターやヒーローになりきるだけで、日頃の大人の役割から解放され、自分ではない自分になることで、表現力が活性化されるそうです。覆面トークでは無口な人が冗舌になる、ドレスを着ると男っぽい人がお淑やかな振る舞いになるなど、服の持つ「チカラ」は凄いですね。

女子大学生のコスプレ

おしゃれで生き生きおばあちゃん

リハビリメイクの第一人者のかづきれいこ（1952〜）は、1992年からメイクボランティアとして、認知症の高齢者が化粧をすることで、明るい気持ちになり、気分が高揚することを確認しています。また、高齢者が着用している服を褒められると嬉しそうな表情を見せるようになるそうです。これは、おしゃれをすることが脳に刺激を与え、日常生活に活力や生きがいを見出すことができるため、笑顔が増え表情が豊かになるというわけです。その結果、認知症の改善に繋がるとも言われています。化粧にはこんな効果もあるとは驚きです。

おしゃれに装う

服は着るものですが、自分自身の気持ちもコミュニケーションも変えることができ、他のものになりきったりすることで、自分自身の劣等感を埋めることやコンプレックスを無くすこともできる「アイテム」そして「ツール」です。人だけが「着る」という意思（WILL）を持ち、着る行為そのものが人間的意思表示です。おしゃれは自分を意識しているのに対し、装うとは他者、場面、状況を意識しています。社会生活となると、おしゃれを愉しみつつ装いを整えることも必要になりますね。

コミュニケーションツールとしての装いは、自分自身の表現であり、あなたのメッセージを発信しています。自由に楽しく気持ちよく心地よく、今一度、「自分らしいおしゃれに装う」ことを考えてみませんか？

心地よく着る

　働いたお金で欲しかった服を買った時充実感でいっぱいだったり、ふわふわした手触りの服を着たら気持ち良くて幸せだったりとか、おしゃれをして外出したら着ていた服を褒められたりしたことはありませんか。

　逆に、その日選んだ服がしっくりこないと一日中暗い気持ちになると思います。このように、服を着ることは精神状態に大きな影響を及ぼすものです。パジャマを着て心がゆったりとし、ふかふかしたタオル地は気持ちが休まります。赤ちゃんの服やぬいぐるみを見るとリラックスできてストレスを感じません。服は視覚だけでなく、身に着けたときの触感も大きな影響を与えます。

　着るものは服だけではありません。筋トレをしているスポーツ選手は肉体という服を身にまとって表現していると考えることもできるでしょう。化粧、皮膚、匂いなども着ることに通じます。日々の生活を大事にするとか、なりたい自分になるように頑張るとか、そのような行動が、実はおしゃれにつながっていくのです。着ることで心地よく豊かになる生活について考えてみましょう。

【引用・参考文献】
　かづきれいこ『メイクセラピー』筑摩書房、2009年
　小林茂雄・藤田雅夫 編著、内田直子・孫珠熙・内藤章江『装いの心理と行動』アイ・ケイ
　　　コーポレーション、2017年
　語源由来辞典 http://gogen-allguide.com（2019年11月7日確認）
　千村典生『ファッションの歴史』平凡社、2009年
　服育net研究所「服育 こころを育む衣服」www.fukuiku.net　（2019年9月27日確認）

（髙橋裕子）

第19節

自分らしく
幸せに生きるとは？

　自分の人生が生きるに値するものなのだろうか、と思ったことは
ありませんか？　自分が何者であり、どこに向かっているのか思い
描くことができない社会だからかもしれません。過去と地続きで現
在があり、未来があります。あなたは今をどう生きますか。

　「人間は、自分自身をあわれなものだと認めることによってその偉大さが
　あらわれるほどそれほど偉大である」「悲しいことや、つらいことや、苦
　しいことに出会うおかけで、僕たちは、本来人間がどういうものであるか、
　ということを知る」　吉野源三郎
　「自然界の生物には生きている理由が必ずしもあるとは限らない。自分が影
　響を受けない意味のないものも世の中には存在しうる、存在してもいい」
　養老孟司

自己

　人類最初の学問とされる哲学は英語で「philosophy」と書きますが、もともとはギリシャ語の philein（愛）と、sophia（知）が合体した言葉で、よく「知を愛する」ことと思われています。ところが、ギリシャ語の「philein」には欲するという意味があり、知が欲しいという意味とも考えられます。真理を求めることは紀元前の昔（B.C.400 年ごろ、ソクラテスが現れたころ）から、人間らしく、自分らしく生きるために行われてきた営みだといえるでしょう。ハンナ・アーレント（2017）はユダヤ人殺戮の首謀者アイヒマンの裁判の傍聴の中で、考えないことによる悪を見いだしました。思考をやめたときに残虐な行為も行うことができるし、考えることで強くもなるといいます。カール・ロジャーズ（2005）は「人が "ひと" になるとは」の中で、人間本性の核心は肯定的なもので、自己探求し、自分だと実感できる自分になっていくこと、自分自身になろうとすることを自己実現の道とし、そのプロセスにより大きな満足感が得られることを示しました。「私は誰なのか」「どうすれば自分自身になれるのか」「生きる意味とは何なのか」を問い続け、五感や内なる感覚を通して自分自身を概念化していくこと、それが自己アイデンティティを育んでいくことになります。自分自身を好きになるという自己受容が起こり、それが他者受容につながります。情報が瞬時に手に入り、わからないことがわかる、考えなくてもいい時代、言い換えれば考える時間がなくなっている今だからこそ、生きる意味や自分にとっての最適な生活を考える意味があるのではないでしょうか。私たちは考え、学ぶことを通して、多くの可能性を知ることになるでしょう。異なる認識に出会い、今までとは違う世界が広がるかもしれません。ユヴァル・ノア・ハラリ（2016）は私たちが直面している真の疑問について、「私たちは何になりたいのか?」ではなく、「私たちは何を望みたいのか?」かもしれないと語っています。理想自己の想起がアイデンティティ形成に寄与することが明らかにされ

ています（千島、2016）。アイデンティティというと、「自己同一性」とか「主体性」、「自分とは何者か」、「自分らしさ」と訳されることが多いですが、ガート・ビースタ（2014）は誰かから自分に呼びかけられたと感じて主体的になることを示し、行動のもと（主体性）には関係性が欠かせないとしています。

関係性

　約700万年前の人類は集団で採集し共食し集団で生きていくことによって暮らしを営むことができたように、多様な人たちが集まって対話をすることで新たな学びが生まれます。ユヴァル・ノア・ハラリ（2016）は人間の虚構を語る能力によって、協力が生まれたといいます。前述のハンナ・アーレント（1994）も関係性を重視していますし、エトムント・フッサール（2013）は衝動的配慮、意図された伝達、触れ合い等が生活世界をひろげ、ともに働きかけあい、家族、共同体ができるとしています。共感的応答性・相互理解が必要とされるといっていいでしょう。人は住まう場など様々な環境のもとで、眠り、食べ、学び、働き、遊び、生活を営んでいます。個人の幸福が家族、地域社会、国家、世界へと拡張され、また地球全体の環境が個人へと影響され、個人と自然環境、社会環境、精神環境との相互作用の中で幸せが実感できます。しかし、反面、その関係性によって悩まされてもいるのです。人間同士の関係性、自然と人との関係性、社会と人との関係性が生活をかたちづけ、世界情勢を左右するといっても過言ではありません。

幸福

　アリストテレス（B.C.384 〜 B.C.322）は人生の究極の目的は幸福であると語っていました。その後、カント（1724 〜 1804）やフロイト（1856 〜

1939）などの哲学者や心理学者たちも、人間は幸福を求めるものと述べています。しかし、幸福が何であるか難しい問題です。ヴァイキング（2018）は幸福の持つイメージが時代ごとに変遷し、神の手中にあるものから、人間が責任を持つものへ、あらゆる人の権利へと発展しているといいます。ポジティブ心理学（セリグマン、2014）では「どうしたら幸せになれるのか」を科学的に検討し、自己肯定感が高い、利他的、楽観的、多様な友達がいることなどを挙げています。しかし、そうはいっても、やらなくちゃいけないと思っていてもできないことがありますよね。不安や悲しみ、どうにも解決できない問題に耐えなければならないこともあります。心は歴史的な産物であり、本能や欲求ばかりでなく、教育、感情、意志、生活習慣、社会規範が織り交ざって決定していることだからもしれません。

　2008 年、ニコラ・サルコジ（当時フランス大統領）の呼びかけで、世界で著名な経済学者ジョセフ・E・スティグリッツ、アマルティア・セン、ジャンポール・フィトゥシらによる「経済パフォーマンスと社会プログレスの測定に関する委員会」が立ち上げられ、GDP、暮らしの質、持続可能性について検討されました。2010 年の報告書（スティグリッツら、2012）では、「計測システムの重点を経済的生産額から、人々の Well-being の計測に移すべきである」と指摘しました。GDP のみでは人々の暮らしの課題（貧しさ）を明らかにすることはできないからです。この報告書では、幸福度指標を提示し、健康、教育、他者との社会的つながり、政治的発言力、個人の社会活動（ボランティア活動など）、主観的生活満足度などが示されました。2012 年には国連で「幸福と福祉─新しい経済パラダイムを定義する」が発表され、これ以降、様々な国で具体的な政策の策定に幸福の視点が導入されています。

　世界保健機関（WHO）憲章前文では、「健康とは、病気でないとか、弱っていないということではなく、肉体的にも、精神的にも、そして社会的にも、すべてが満たされた状態にあること」（日本 WHO 協会訳）として

いsays。また、小林陽子ら（2017）は家庭生活の営み行動を重視する者の方が Well-being 度が高いことを明らかにしました。

　人々の幸福には、心身の健康と家庭生活の充実、自分の能力を活かしコミュニティに貢献できる社会とのつながり、すなわちソーシャル・キャピタル[1] も大事な要素です。日々の生活の営み（食べる、寝る、働く、遊ぶ、学ぶ、休む、考えることを含めて）を大事にし、社会に貢献することが自己実現にもつながります。社会の持続可能性が求められるゆえんでもあります。もちろん、自分にとっての幸せで最適な生活を送るための根底には、他人との比較ではなく、自分はどう生きたいのか、自分らしい生活とは何かを熟考しなければならないことは前述したとおりです。

人生 100 年時代

　人の生き方を問題にするとき、経済的な側面とともに、重要な価値観として、「生きがい」観があります（端、1986）。AI 技術の発展等により仕事の質が変わるかもしれない人生 100 年時代といわれる今日、100 年という長期スパンで生活すること、働くこと、生きていくことを考えてみましょう。

　「AI ができない仕事を見つける！」それもいいでしょう。ケインズ（1883 ～ 1946）が生活を楽しむ術を維持し、洗練させていく人は豊かさを楽しむことができると語っていたように、ボランティア活動に代表される社会参加、社会に貢献できる仕事をする人もいるでしょう。趣味が仕事になる人もいるでしょう。現在も動画サイトに趣味の映像をアップする YouTuber もいますよね。ここでは遊びと仕事は別物ではありません。現在、「キャリア（career）」は仕事の経歴を意味することが多いですが、そこには働くことによって得た自己成長とともに、教育・趣味などの人生を通じた学びの蓄積もキャリアといえます。キャリア形成には、健康、雇用、家族状況のほか、景気などの社会状況やその時代を映す価値観と

も関連します。つまり、生活の質（QOL）を高めようとする人が豊かになれると言い換えることも可能でしょう。フッサール（1995）は日常的な生活世界を認識する大切さを説き、そこから社会を見つめ直そうとしていました。現代に生きる私たちに今、欠けている視点ではないでしょうか。

　グラットンら（2016）は、人生100年時代になると、教育→就職→引退という単純な道のりは辿れないと語っています。確かに、難民問題やテロなどグローバル化が綻びを見せ始め、AI技術の進展、合理化を促進させようとする流れ等により、決められたレールに乗れば安心という時代ではなくなっています。先行き不透明で今までの価値観（年功序列、終身雇用、定年制）が通用しなくなるかもしれません。中学・高校あるいは大学を卒業してから、正規雇用となり就職することは当たり前ではなくなっていますし、ましてや終身雇用も当たり前ではありません。たとえ、65歳の定年退職の日まで働き続けたとしても、そのあと寿命がつきるまで、30年以上あります。当然、「教育→仕事→引退」というライフデザインは困難になるでしょう。収入を得ることはもちろんのこと、多くの人とつながりネットワークを拡げることや学び直しといった、仕事・家庭生活・余暇活動・教育時期など様々なステージを往復・複合化することやウェイトを柔軟に変更させることも考えておくべきではないでしょうか。ソーシャル・キャピタルを増やし、Well-beingを探究する働き方が主流になっていくかもしれません。生活設計は定期的に見直し、長い人生を楽しめる好奇心、自己肯定感を養っていくこと、柔軟に対応できること、時には答えの出ない事態に耐えうるネガティブ・ケイパビリティ（帚木、2017）も育まなければならないでしょう。もちろん問題解決能力も必要ですが、人生は思い通りにならないこともありますから、じっとやり過ごす・耐える力も必要です。自助だけでなく、公助・共助にアクセスできる力、情報を収集・判断し活用していく行動力も大事です。

　そのために、一生を通して学び直しができる体制づくりと、地域力を高める環境づくりや、個人の尊厳を守るサポートシステム、および教育

が重要な鍵を握るのではないでしょうか。また、自分の健康の維持・管理も大切ではありますが、健康でなくても生きやすい社会づくりも同時に求められます。

死生観

　仏教や儒学、心理学、医学など様々な分野で死生観が取り上げられています。医師であるキューブラー・ロス（2001）が1969年に『死ぬ瞬間』を発表し、死ぬ瞬間まで自分らしくいられるよう末期の看護のあり方が見直されました。価値観が多様化する今、死生観（生と死に対する考え方）も多様化し、さまざまな場面で死生に対する自己決定を求められるようになってきています。安楽死問題しかり、闘病生活における生活の質（QOL）しかり。

　現代社会に生きる私たちは死という変化に対する認識を弱め、死から受ける影響を少なくしているようです。死に向き合う機会に触れていないと死の重要性をわかりにくくします。しかし、ケーガン（2019）は「人は必ず死ぬ。だからこそどう生きるべきか」とイェール大学の講義で問いかけています。スティーブ・ジョブズ（1955～2011）は「死は生命の最高の発明」と語っていましたが、これも同様の思いからではないでしょうか。私たちは死ぬからこそ、自分らしくどう生きるかを考え続けなければならないでしょう。

注釈
[1] 社会関係資本ともいいます。ロバート・パットナム（2001）によれば、人々の協調行動を活発にすることによって社会の効率性を高めることができるとし、人々の「信頼」関係、「規範」「ネットワーク」などを指します。

【引用・参考文献】
　アリストテレス『ニコマコス倫理学〈上〉〈下〉』岩波書店、1971年・1973年
　H.アーレント『エルサレムのアイヒマン』みすず書房、2017年

H. アーレント『精神の生活〈上〉思考』、『〈下〉意志』岩波書店、1994年

M. ヴァイキング『デンマーク幸福研究所が教える「幸せ」の定義』晶文社、2018年

E. キューブラー＝ロス『死ぬ瞬間』中央公論新社、2001年

L. グラットン・A. スコット『LIFE SHIFT（ライフ・シフト）―100年時代の人生戦略』東洋経済新報社 、2016年

S. ケーガン『「死」とは何か』文響社、2019年

小林陽子・石渡仁子・井元りえ・小野瀬裕子・澤井セイ子・野崎 有以・宮田安彦・中間美砂子「家庭生活の営み行動への関与とウェルビーイングのかかわり」日本家政学会誌 68(7), 317-325, 2017年

ジョセフ E. スティグリッツ・ジャンポール フィトゥシ・アマティア セン『暮らしの質を測る』金融財政事情研究会、2012年

世界保健機関（World Health Organization）, 1946「世界保健機関憲章」（CONSTITUTION OF THE WORLD HEALTH ORGANIZATION） http://www.mofa.go.jp/mofaj/files/000026609.pdf（2019年9月24日確認）

M. セリグマン『ポジティブ心理学の挑戦 "幸福" から "持続的幸福" へ』ディスカヴァー・トゥエンティワン、2014年

千島雄太「自己変容の想起がアイデンティティ形成に及ぼす影響」教育心理学研究 64(3), 352-363, 2016年

端信行「「家庭」＝「社会」系の成立」『現代日本文化における伝統と変容2　日本人の人生設計』ドメス出版、pp.13-28、1986年

Y. N. ハラリ『サピエンス全史〈上〉〈下〉文明の構造と人類の幸福』河出書房新社、2016年

帚木蓬生『ネガティブ・ケイパビリティ』, 朝日新聞出版、2017年

G. J. J. ビースタ『民主主義を学習する：教育・生涯学習・シティズンシップ』勁草書房、2014年

E. フッサール『ヨーロッパ諸学の危機と超越論的現象学』中央公論社、1995年

E. フッサール『間主観性の現象学Ⅱ　その展開』筑摩書房、2013年

ロバート D. パットナム『哲学する民主主義』NTT出版 2001年

養老孟司「死は科学で定義できない、社会に存在するものだ」『Newton別冊　死とは何か』ニュートンプレス、2019年

吉野源三郎『君たちはどう生きるか』岩波書店、1982年

C. R. ロジャーズ『ロジャーズが語る自己実現の道』岩崎学術出版社、2005年

（齋藤美重子）

あとがき

　科学・情報技術の発展に伴い、私たちの生活は以前よりも各段に便利になりましたが、経済発展と引き換えに私たちは多くの問題を後回しにしてきたように思います。温室効果ガスによる地球温暖化、地震、台風など自然災害、超高齢少子社会の到来、医療と生命倫理の問題、AIの進展、若者のスマホ・ネット依存など、この社会の未来は不明瞭なことが多く、生きづらさを感じている方も多いのではないでしょうか。

　そのような中で、生きるためのノウハウや技術ではなく、生きることの本質的な意味を再考したい、そして広く読者の方々にも最適な生活、人生について深く考えていただけたら嬉しいと願う有志が集まり本書が出来上がりました。ここでは、自然・社会・心の面から衣食住、消費、情報、共生をとらえ直し人間が生きるということを考えてみました。ですから家庭・生活・社会・道徳等の関連科目にも役立つ内容になっています。生きることの全容解明にはもちろん至っていませんが、読者に向けてといいながら、実は我々自身が執筆作業を通じて多くのことを学んだ一冊になったことも確かです。普段の生活や人生に迷い苦しみ、試行錯誤を繰り返しながらまた思索に耽る、これらの姿はまさに人間としての生きる様であり、生きる喜びでもあることを知ることができました。

　最後になりましたが、本書を手に取りここまでお読みいただきありがとうございました。そして本書の構想時からお世話になり刊行まで導いてくださった株式会社一藝社の皆様、小野道子社長、菊池公男会長、そして我々の幾多の我儘な注文にも嫌な顔一つせず、温かみのある素敵な本に仕上げてくださった編集の川田直美氏に心より御礼申し上げます。

2020年2月　　　　　　　　　　　　　　　　　　　　　編著者一同

【編著者紹介】

佐藤真弓（さとう・まゆみ）
第1章、第2章第4、6節、第4章第17節
川村学園女子大学生活創造学部生活文化学科准教授、家庭生活アドバイザー
著書：『生活と家族—家政学からの学び』（単著、一藝社、2016年）、
『家族と生活—これからの時代を生きる人へ』（共著、創成社、2013
年）など　論文：The usage of cell phones and the feeling to them in
modern Japanese college students（Mayumi Sato,et al., *J.Hum.Ergol,*
Vol.39(1),pp.23-33、2010年）など

齋藤美重子（さいとう・みえこ）、茶名：齋藤宗重
第3章第8、9、10、12、14、15節、第4章第19節、コラム①⑤
川村学園女子大学生活創造学部生活文化学科准教授、家庭生活アドバイザー
論文：「消費者市民社会に向けたアサーション・ディベート授業」
（日本消費者教育学会 第39冊 pp.65-75、2019年）、Studies of Home
Economics around the World and MDGs（Mieko Saito, et al., *Asian
Regional Association for Home Economics* Vol.25(4), pp.87-92、2018
年）、「農業体験学習の目標と学習連携」（日本教科教育学会第40巻2号
pp.67-80、2017年）　など

【執筆者紹介】（五十音順）

江村綾野（えむら・あやの）第3章第13節
川村学園女子大学教育学部幼児教育学科准教授

加藤美由紀（かとう・みゆき）第2章第3節
川村学園女子大学教育学部児童教育学科准教授

叶内　茜（かのうち・あかね）コラム②③
川村学園女子大学生活創造学部生活文化学科講師、家庭生活アドバイザー

佐々木　唯（ささき・ゆい）第3章第11節
川村学園女子大学生活創造学部生活文化学科准教授

髙橋裕子（たかはし・ゆうこ）第2章第7節、第4章第18節、コラム⑥
川村学園女子大学生活創造学部生活文化学科准教授、家庭生活アドバイザー

築舘香澄（つきだて・かすみ）第2章第5節、第4章第16節
川村学園女子大学生活創造学部生活文化学科講師

村本ひろみ（むらもと・ひろみ）コラム④、イラスト
麻布中学校・麻布高等学校社会科教諭

【協力】
麻布高校写真部・川崎升、川村学園女子大学学生のみなさん

カバーデザイン／本田いく　図表作成／長谷川正和

自然と社会と心の人間学

生きてく、生きてる、生きること

2020年2月10日　初版第1刷発行

編著者　佐藤真弓・齋藤美重子
発行者　菊池 公男

発行所　株式会社 一藝社
〒160-0014 東京都新宿区内藤町 1-6
Tel. 03-5312-8890　Fax. 03-5312-8895
E-mail : info@ichigeisha.co.jp
HP : http://www.ichigeisha.co.jp
振替　東京 00180-5-350802
印刷・製本　モリモト印刷株式会社

子どもの幸せってどんなこと？
ちょっと気になる
となりの保育

子どもの
最善の利益
から考える

保育
実践例

寳川雅子 編著

一藝社

A5判　定価（本体1,389円＋税）
ISBN 978-4-86359-184-4